地方政府
绿色发展驱动机制研究

杨玉文　著

民族出版社

序

党的十八大从新的历史起点出发，做出“大力推进生态文明建设”的战略决策，十八届五中全会提出创新、协调、绿色、开放、共享的五大发展理念，绿色发展作为推进生态文明建设的现实途径被放在了重要位置。“绿色发展”在十三五期间首次写入了“五年规划”，党的十九大报告有三个部分论述了“绿色发展”有关内容，全面阐述了绿色发展的时代背景、现状、理念、建设重点和目标等，成为我国未来一段时期绿色发展的行动指南，同时也为地方政府改善生态环境、引领绿色发展提出了新要求。

地方政府作为绿色发展的引领者、保障者，绿色发展意识和社会组织的培育者，其行为取向是决定生态文明建设水平的关键因素。这不仅是杨玉文教授写作该著的社会经济背景，也是该书的研究主线和核心内容。综观全书，具有以下几个鲜明特点：

一、研究视角新颖，内容系统深入。从推进生态文明建设的关键因素——地方政府绿色发展的动力出发谋篇布局，以公共组织理论、政府职能理论、服务行政理论、责任政府理论、生态文明理论等理论为依据，论证了地方政府绿色发展职能的理论基础。从中央政府对地方政府的激励考核、地方政府向服务型政府的转型、民众监督与政府的宗旨等角度，理论上溯源了地方政府引领绿色发展的动力生成机制。从激发绿色发展的内生动力出发，深入阐释了地方政府自觉履职的体制机制，提出完善地方政府绿色发展驱动机制的政策建议。

二、综合运用多种理论分析工具，论证充分严谨。注重规范研究与实证研究相结合、典型案例调研分析与整体宏观数据分析相互支撑、定性与定量分析相结合，并在各章节中，综合运用相关研究领域的理论和方法，如用因子分析法、面板数据多元回归法等，对研究内容进行系统、规范的分析和论述，使研究结论科学、严谨、解释力强。

三、铺垫充分，言之有据。该书从政治学、政府经济学、制度经济学、系统动力学、环境法学、政策学、资源环境经济学、环境科学等多学科角度，针对绿色发展所面临的一系列亟待突破的问题，进行综合研究，理论准备充分。为验证地方政府对绿色发展的作用途径和作用机制，对 95 家新能源板块上市公司的财务数据进行筛选并形成面板数据，通过构建多元回归模型进行实证分析，得出了有益的结论。

四、广泛借鉴相关理论，力求有所创新。从系统观和边界理论交叉的视角，构建生态系统与产业经济系统之间的耦合模型，深入剖析了绿色考核的形成机理与影响机制。引入弹性意愿、弹性能力等概念，形成了系统耦合的调控方法，并据此提出了绿色发展绩效考核的重点领域和可行路径，具有一定的创新性和现实解释力。

总之，这本书所展示的研究成果值得称道。相信该著必将引导绿色发展相关研究走向深入，并为相关研究和决策提供有益参考。

王军锋

2018 年 10 月于 Lancaster University

目　录

理　论　篇

实　证　篇

对　策　篇

理　论　篇

第一章　生态文明视域下地方政府绿色发展职能定位

生态文明是人类社会继农业文明、工业文明以来的最新文明形态，具有鲜明的“后现代文明”色彩。生态文明是与生态问题相伴相生的，是人类开发自然、利用自然推动社会发展的必然选择。基于对我国生态文明现状的梳理与分析，本研究聚焦生态文明视域下我国地方政府生态职能的定位问题，继而构建驱动其绿色发展的分析框架，探求推进我国生态文明建设的内生动力。

纵观人类文明的演进历程，遵循“农业文明→工业文明→生态文明”的演进路径。自20世纪末工业文明在全球范围取代农业文明主导人类经济活动，生态环境破坏与经济飞速发展如一枚硬币的两面相伴而生，且环境污染有愈演愈烈的趋势，如同“达摩克利斯之剑”，严重威胁着经济社会可持续发展的基础。在高度重视经济发展的同时，缺乏对生态文明的应有关注，导致“资源诅咒”、“资源枯竭型城市”等现象密集出现——“有了金山银山，丢了绿水青山”。针对上述问题，中共十八大重点阐述了“生态文明建设”的战略意义，明确指出要在建设政治文明、物质文明、精神文明的同时，重点建设生态文明。自此，建设生态文明的理念从学术思想层面全面提升至国家战略层面。

生态文明，是继农业文明、工业文明之后，带有“后工业文明”明显烙印的新型文明——秉承“人与自然和谐发展”的基本理念，融合可持续发展的资源观与对自然环境的人文关怀，是对传统粗放型经济模式反思与批判的新的社会思潮。以此为背景，我国政府日益强调生态文明视域下的经济发展，并在党的十八大报告中明确将生态文明建设提升至事关全面建成小康社会的国家战略高度，并纳入社会主义现代化总体战略蓝图。这是党的历史上第一次对政府职能提出生态文明建设的要求：一是要求有明确政策导向，公权力部门在生态文明建设中主导责任不可推卸；二是建立健全制度保障，创新地方政府考核机制；三是明确各级政府及相关部门的角色定位与职能边界，明确生态文明建设领导者、组织者、管理者、监督者的多重角色与职能的自我认知与清晰界定。

生态文明视域下的政府职能定位，是一个全新的理论课题，无法直接借鉴西方国家经验。

一、生态文明理论综述

“建设生态文明”的新理念首次被提出于党的十七大报告，党的十八大报告强调：“社会主义生态文明建设不仅关系到人民幸福生活，也关系到国家命运前途。当前我国环境污染、资源短缺问题日益严重，生态环境形势严峻，必须把生态文明建设摆到重要位置上。”习近平总书记多次强调绿色发展，在党的十九大报告中提出了生态文明体制改革、建设美丽中国的目标、任务和举措。党中央高度重视生态文明建设，是顺应我国国情与社会发展阶段的客观规律而做出的重大决策，是对马克思主义生态观的继承与发展，充分体现党中央在新经济、新常态下对我国发展历史阶段的客观审视、科学判断与未来道路的勇敢抉择，表现出宏伟的战略眼光、强烈的责任意识以及直面问题和解决问题的勇气与决心。以此为关键时间节点，我国生态文明建设的理论研究与伟大实践进入全新历史阶段，同时也提出了新的课题与挑战：如何深刻把握生态文明的理论内涵与实践特征？如何深刻认识生态文明演进的规律与趋势？如何深刻总结我国生态文明建设的现状与问题？以上问题的解决，需要对生态文明的理论文献、实践经验及我国现阶段的基本国情进行系统总结与思考。

（一）生态文明的内涵

生态文明是基于对人类文明发展的传统形态的批判与反思而衍生的全新文明形态——是一种囊括经济、制度、文化、环境等变量的多维度的、全新的社会形态，并不局限于某一局部区域的社会经济现象，也不局限于某一种人类文明或政治制度。国内学者刘宗超（1993）[①] 最早使用"生态文明"的概念："通过对传统工业文明剖析反思的基础上提出确立全球生态文明观乃当务之急。人类与地球表层共存就是生态文明，威胁它生存的就是愚昧。"这一概念需从两个层面加以解读：从广义来看，生态文明泛指一切人类改造物质世界过程中，积极改善并优化自然所取得的物质、精神、制度方面成果的总和。其中，包括了人类社会生态运行机制及其与良好生态环境的动态互动，如人与自然、人与人、人与社会的关系。纵观人类文明的演进历程，从农业文明到工业文明，再到生态文明是人类文明发展的必由之路，生态文明代表了人类文明的最新、最进步的社会状态，也是人类文明发展的最新阶段。从狭义来看，生态文明可视为与物质文明、精神文明、政治文明相并列的文明形式，核心

① 刘宗超，刘粤生．全球生态文明观——地球表层信息增值范型［J］．自然杂志，1993（z3）：26-30.

是强调人与自然的和谐相处，其他三种文明形式高度发达的同时不以牺牲自然环境为代价。

明晰了生态文明的概念，需进一步深入理解其内涵。早期研究将工业文明定义为一种以人为中心的价值观，而生态文明关注的对象则扩展至以“人—自然”为对象，并以此为基础建立整体价值观框架，将生态文明的内涵理解为基于生态系统持续进化基础上的持久文明（申曙光，1994）①。后续研究中，如邱耕田（1997）②、廖才茂（2004）③ 等人也秉承“人与自然”的分析框架，提出了类似观点，但他们进一步深化了生态文明的内涵：生态文明是人类能够自觉地把一切社会经济活动都纳入地区生物圈系统的良性循环互动，并强调人类主流价值取向的自觉性——自觉地将外部自然生态效应（无论是正效应还是负效应）内部化，统一纳入人类社会经济活动的整体框架。但理论根源与前述观点同出一脉，本质同源，仍未超出人与自然、人与人双重和谐的理论边界。

截至目前，俞可平教授对“生态文明”的理论界定得到学界普遍认可：“生态文明就是人类在改造客观自然界的以满足人类社会发展的同时所做的维护人与自然和谐的一切努力，它包括所有物质与非物质成果，代表着人类社会与自然界相互关系的进步状态。”（俞可平，2005）④ 其他学者对他的观点及内涵进行了有效补充，如将生态文明界定为人类遵循人、自然、社会和谐发展这一客观

① 申曙光．生态文明及其理论与现实基础［J］．北京大学学报（哲学社会科学版），1994（3）：31-37.

② 邱耕田．三个文明协调发展：中国可持续发展的基础［J］．福建论坛（社科教育版），1997（3）：45-48.

③ 廖才茂．论生态文明的基本特征［J］．当代财经，2004（9）：10-14.

④ 俞可平．科学发展观与生态文明［J］．马克思主义与现实，2005（4）：5.

规律而取得的物质与精神成果的总和，从人与自然、人与人、人与社会三个维度，论述生态文明的基本宗旨与文化伦理形态（潘岳，2006）①。此外，持类似观点的还有徐明娟（2010）②、赵兵（2010）③、郑键婕（2013）④、肖文涛（2013）⑤等人。缪磊（2014）⑥较全面梳理了学术界的不同观点并归纳为三类：一是生态文明的意识观，强调人类认识并改造客观世界过程中尊重自然、保护自然的主观意识，实现人类精神与物质世界的辩证统一；二是生态文明的行为观，强调人类认识并改造客观世界过程中，将自然生态利用行为与环境保护行为相统一，开发利用自然的过程同时也是保护自然的过程，殊途同归，辩证统一；三是生态文明的目标观，将生态文明——人与自然和谐共存作为人类社会可持续发展的最高目标与终极导向，强调从地球生物圈整体良性运行的大视角审视生态文明问题，最终具象为人类社会多维度关系的生态和谐。

综上，生态文明的概念及理论内涵可归纳为四种研究视角：第一，演进视角。从历史演进的角度，视生态文明为人类社会发展的一个历史阶段——继原始文明、农业文明、工业文明之后的新的文明阶段，是对过往文明阶段的发扬与提升，也是对过往文明的反思与修正。第二，形态视角。从不同文明形态的角度，将生态文明

① 潘岳．以环境友好促进社会和谐［J］．求是，2006（15）：15-18.

② 徐明娟．科学发展观与政府职能的生态转向［D］．山东农业大学，2010.04.

③ 赵兵．当前生态文明建设的新动向和路径选择［J］．西南民族大学学报（人文社科版），2010，31（2）：152-154.

④ 郑键婕．发挥检察职能助推生态文明建设［J］，法制与社会，2013，11（19）：178-180.

⑤ 肖文涛，谢淑珍．论推进生态文明建设的政府职责担当［J］．福建论坛：人文社会科学报，2012（10）：161-166.

⑥ 缪磊．生态文明视域下我国政府生态职能的研究［J］．中国特色社会主义理论与实践，2013（8）：29-30.

界定为物质文明、精神文明、政治文明之外的第四种文明形态，着眼整个人类社会，狭义地将生态文明视为社会文明的一个维度或一个方面。第三，战略视角。立足人类社会可持续发展的宏观视野，视生态文明为一种社会发展的战略理念。“文明”与“野蛮”相对，摒弃工业文明粗放型发展模式，更文明地对待自然，更合理地处理人与自然的关系。第四，制度视角。生态文明是社会主义的本质属性，将生态文明视为社会主义文明的一个范畴。要从制度层面解决生态问题，本质是要解决社会与环境公平问题，将生态文明具体化为生态制度的建立与健全，并通过制度行为解决生态环境破坏衍生的一系列社会问题。总的来说，不同视角对生态文明的理论内涵界定都是以保护自然环境为手段、以人与自然和谐发展为目标，最终实现人类社会可持续发展。

（二）生态文明的基本特征

从全球视野来看，人类社会正处于从工业文明全面向生态文明演化的关键转型期。从我国发展历程的演化视角来看，生态文明正逐渐替代传统发展理念，成为一个全方位引领我国经济、社会、文化、环境发展的全新治国理念与重大改革举措。作为后工业时代色彩鲜明的独立文明形态，可以从四个层面理解其存在的形式，即生态意识、生态行为、生态制度和生态产业，分别强调在价值观念上要体现人与自然和谐共生、生产生活方式上自觉自律、社会关系上融洽和谐、时间跨度上长期持续（陆畅，2012）①。

因此，生态文明的特征体现为如下方面：第一，生态文明的自

① 陆畅．我国生态文明建设中的政府职能与责任研究［D］．长春：东北师范大学，2012.

然性和自律性。与农业文明、工业文明不同，生态文明对人类行为有更高的约束与要求：一方面要求人类行为必须遵从改造自然和保护自然的双重使命；另一方面，要求人类主动检讨、自律并约束自身的欲望，改变粗放、未审慎思考的对待自然的方式。第二，生态文明的和谐性与公平性。和谐性体现为社会和谐与自然和谐相统一，人与自然、人与人、人与社会和谐相统一的文明形态与文化伦理；公平性体现为代内公平与代际公平相统一，社会公平与生态公平相统一。第三，生态文明的基础性和可持续性。生态文明是人类其他文明可持续发展的条件与保障，是相对其他文明更高级的文明形态，是物质文明、政治文明、精神文明得以可持续发展的前提。第四，生态文明的整体性与多样性。从系统观来看，自然界是一个有机系统，任何人类文明都可以视为自然系统的一部分，生态文明整合与重塑其他文明。物质文明、政治文明和精神文明为生态文明建设奠定物质与文化基础，生态文明保障其他文明可持续发展，两方面密不可分。生态文明领先其他文明表现为对地球生物多样性的尊重与保护，强调人、自然、社会的多样性和公平性，切忌为眼前利益牺牲长远利益、为局部利益牺牲整体利益的“生态近视症”。第五，生态文明的开放性与循环性。自然界具有开放、循环、内生动力等属性，人类社会具有类似的系统属性。因此，思考人与自然的关系，需要基于系统动力学观点，视人类社会与自然界为一个共生的、内生动力的、互动演化的有机系统，以系统的能量交换与动态循环为运行基础。第六，生态文明的伦理性与文化性。应基于“伦理—文化”的二元视角，思考人与自然关系的危机。一方面要围绕文化与伦理的二元分析框架，深入生态文化研究；另一方面要围绕生态伦理价值观规范行为，加强生态文化建设，并传播人与自然和谐共处的价值理念。

（三）转型期我国建设生态文明的现状及挑战

基于上述研究对生态文明概念、内涵与特征的系统梳理，本研究系统分析我国建设生态文明的现状与挑战。建设生态文明不同于传统粗放型工业文明，需要加强生态污染的控制并克服弊端，积极开拓资源节约型、环境友好型的新型道路。鉴于历史经验与重大时代机遇，我国政府在建设生态文明方面不遗余力，积极探索后发国家实现“弯道超越”的可能路径，并积极进行了一系列相关工作：一是建立了生态文明政策法规体系，包括修订《环境保护法》、实施《全国生态建设规划》《全国生态环境保护纲要》《全国生态功能区划》等一系列重要规划；二是积极推动经济转型与结构性升级，大力推动绿色产业、循环经济、低碳发展等环保举措；三是建立资源集约型的低能耗、低排放的经济发展模式，通过开发清洁能源和可再生能源替代传统能源；四是严格推行污染防治与生态修复的相关法规，建立健全污染防治制度与行之有效的监控指标体系；五是大力提倡绿色消费，并积极利用市场规则引导公众参与；六是积极探索并尝试推行生态补偿机制，深入开展生态文明宣教与示范创建，发挥榜样作用。然而，我国生态文明建设任重道远，仍面临严峻挑战（谢园园，2015；顾金喜，2011；曹睿，2012）①②③。

主要问题与挑战体现在如下方面：

---

① 谢园园，傅泽强，邬娜，等．解析我国生态文明建设面临的重大挑战［J］．中国工程科学，2015，17（8）：132-136.

② 顾金喜．生态文明发展与政府职能转变创新［J］．中共济南市委党校学报，2011（1）：63-67.

③ 曹睿，张慧君．杭州生态文明建设对策初探［J］．环境科学导刊，2012，31（1）：26-27.

（1）生态文明建设任重而道远。自改革开放以来，我国长期以GDP为导向，重经济、轻环保，导致经济与生态系统发展失衡，可持续发展理念深入人心并转化为自觉行为还任重道远。经济发展主体还不具备保护生态的自觉意识与内生动力，环保法规并不能从外部有效约束并引导生态行为，整个社会对生态文明建设的思想认识需要一个逐步提高的过程；我国环境资源法学的研究广度与深度、学术影响力、前沿学术成果比重都有待提高。

（2）我国的经济发展长期以投资驱动和资源驱动为主，通过"供给侧改革"实现经济整体向"创新驱动"转型升级，需要一定时间，以牺牲环境为代价诱发的生态危机与局部污染恶化趋势正逐步缓解。中国实现世界第一经济增长率并成为世界第二大经济体的同时，也付出了较沉重的资源环境代价。高投入、高耗能、高排放的"三高症状"制约中国经济的可持续发展，低效率、低价值、低循环的"三低症状"限制了中国经济结构性升级的可能途径，形成经济增长与生态循环之间的矛盾。自然生态脆弱的自我修复能力与巨大的环保压力突显了生态文明建设的地位和作用。

（3）我国节能减排降污染的制度体系尚需完善。生态文明建设的基石与底线是制度保障，现阶段绿色GDP的刚性考核机制逐步实施，对涉及生态环保的各级社会主体的指导规范与驱动指标逐步完善，社会经济目标考核体系中的生态环境建设指标，一定程度上能够有效调动地方领导主动执行、认真执行的积极性。但生态环保制度体系的设计尚存进一步完善的空间。

（4）生态环保的执行能力与循环经济的运行体系尚未根本建立。区域经济社会发展不平衡导致地区间基础设施差异较大，环保基础设施建设滞后于经济社会发展水平的情况还在一定程度上存在。粗放型经济发展特征尚未从根本上杜绝，以降低资源消耗与环境污染为宗旨的循环经济体系已在一些区域成功实践，但个别地区缺乏建立的物质与文化基础。

(5) 生态环保产业生产力落后于社会刚性需求。一是“生态环境也是生产力”的观念刚刚为公众熟知和接受；二是生态环保作为生产力的实现和价值转化需要市场化过程；三是经济结构调整的供给侧改革效益实现，需要一定周期。部分区域经济增长与节能减排目标短期内难以协调。

(6) 生态文明建设的保障机制需健全。我国生态文明建设的制度框架基本形成，涉及节能减排、循环经济、降低碳排放等诸多方面，并力求在法律、标准、政策规划、考核指标体系等方面构建保障体系，但囿于以往地方政府重经济轻环保的认知局限，中央政府的环保政策意图与地方政府现实利益并不完全一致。生态环境保护的制度建设与生态文明建设的要求尚不完全对称，规范资源定价、社会资本参与和环保投资的同时，应重点关注并激发地方政府的积极性。

二、生态文明建设中地方政府的角色定位

(一) 政府职能内涵

欲明晰政府职能定位，首先要明确政府职能（Government Function）的概念。对此，理论界目前尚无一致观点，不同流派的学者基于各自观点进行不同解读：第一，政府职能的角色观。认为应将社会视为一个大的系统，而政府职能是国家行政体系在系统中扮演的角色，并因系统变化而发挥不同的角色（许慧文，1997）[①]。

① 许惠文．行政管理学［M］．北京：人民出版社，1997.

第二,政府职能的职责观。认为政府职能是行政管理职责与行政管理功能的统一，前者强调“应该管什么，怎样去管，管到什么程度”，后者强调“政府的法定职责与社会功能”（金太军，2002）①，即政府在国家与社会生活中承担的职责与功能（李文良，2003）②。第三，政府职能的主体观。强调政府公共行政管理的主体地位，并将政府职能视为主体的神经系统，直接影响并渗透到政治、文化、经济、社会各个层面（吴守蓉，2010）③。时任国务院总理温家宝曾在全国人民代表大会明确提出：“在我国社会主义市场经济条件下，政府的主要职能是围绕经济调节、市场监管、社会管理和公共服务”。基于以上观点，政府职能是国家行政机关在依法处理国家和社会公共事务扮演的角色、承担的责任和具备的功能，是公共行政基本内容与活动方向的代表，是公共行政的本质体现。

尽管对政府职能理论的不同角度阐释各有侧重，自党的十八大以来，党和政府对新常态的认知日益深化，立足建设生态文明的国家战略，对政府职能的角色定位也提出新的挑战与要求。因此，我国地方政府职能在建设生态文明的宏观背景下，亟待重新定位以适应新的要求。

（二）生态文明建设对政府职能转变的要求

生态文明建设是新的历史时期面临的全新挑战，政府部门与社会各界亟待转变观念、加强认识、深度协同、积极配合以应对这一项长期、艰巨、复杂的历史任务和系统工程。政府作为公共权威，

---

① 金太军．政府职能梳理与重构［M］．广州：广东人民出版社，2002.

② 李文良．中国政府职能转变问题报告［M］．北京：中国发展出版社，2003.

③ 吴守蓉．试论生态文明建设中林业部门的政府职能［J］．林业经济，2010（5）：107-110.

兼具公权力拥有者、公共事务管理者、公共利益代言人、公共责任承担主体的多重角色，是建设生态文明毫无争议、无法替代的主体。因此，政府必须积极面对职能转变的新的时代要求——在政策引导、宏观调控、公共事务管理与社会管理方面提升能力（吴守蓉，2010）①。这要求政府对生态文明建设的重要性具有全新认知，并通过职能革新做出系统应对：一方面，强化生态文明建设的立法与执法力度，明确设立政府决策的“生态红线”；另一方面，政府要采取多种措施保证生态文明建设决策的贯彻落实（张碧文、孙秀，2011）②。

因此，生态文明建设上升到国家战略，对政府提出的新的规范与要求可归纳为四个方面：第一，要求政府承担主导和大力推动生态文明建设的主体责任；第二，要求政府具备生态文明制度供给的职能；第三，要求政府具备树立、倡导并践行生态文明理念与价值观的职能；第四，要求政府具备运用多种手段、采取多种措施治理生态并收到实效的职能（陆畅，2012）③。在此基础上，和沁（2013）④ 提出“生态政府”的全新理念——要求政府积极转变观念，由经济建设为主导向公共服务为主导转型，由单一引领向协同共生转变，树立“生态执政”的新思维、新方式，从体制、观念、行为多个层面充分发挥生态职能，确保生态文明战略的贯彻落实。

① 吴守蓉．试论生态文明建设中林业部门的政府职能［J］．林业经济，2010（5）：107-110.

② 张碧文，孙秀．对我国生态文明建设中政府职能转变的思考［J］．决策与信息，2011（10）：79.

③ 陆畅．我国生态文明建设中的政府职能与责任研究［D］．长春：东北师范大学，2012.

④ 和沁．生态文明建设中的政府责任［J］．科技视界，2013（26）：480.

（三）生态文明建设中政府的职能定位

基于中国现实国情对生态文明建设过程中政府职能转变的客观要求，政府生态职能应顺应时势，合理定位：

1. 政府是生态文明建设的供给主导

生态安全是全人类共同的资源保障，提供良好的生态环境并维系生态安全，是政府生态文明建设中的首要任务，即将生态环境视为一种公共物品，将维护生态安全视为一种公共服务，政府是这项公共物品与公共服务的供给主导。因其公共属性，决定了市场机制在生态产品或服务供给过程中必然失灵，因此必须明确政府作为生态文明建设的供给主导，并积极引导市场机制作为补充。

政府作为生态文明公共产品与公共服务的供给主导，必须扶持并引导生态环境产学研体系的建立与持续发展。首先，政府作为主导者与参与者的双重角色，要大力开展生态产业的帮扶与提振，包括政策扶持、资金注入、积极鼓励生态文明基础设施建设、基础理论研究、生态试验、工程研发、生态产品商业化、生态产业人才培养与创新创业孵化等等。其次，政府应大力主导生态经济的结构性升级，即大幅度提升绿色产业、环保产业、可循环经济在整体经济结构中的比重。这一转型需要政府理性引导实现“软着陆”，避免“大干快上”“多快好省”等思维误区，代之以政策倾斜、法律保护、税收鼓励、行政帮扶，为上述产业提供良好的运营环境与完善的制度服务。其中，对于大型央企国企的绿色转型，政府在必要时间节点可考虑采取直接投资控股、政策干预等手段，确保央企国企绿色转型的效率。最后，应在政府的主导下，积极引入社会资本与民间力量共同参与生态环保事业，共同建设生态文明，弥补政府力量不能及时关注的社会层面。尤其是在互联网时代，政府应具备

“众筹”思维，发挥“杠杆”作用，撬动社会公众生态文明的热情和才智。

2. 政府是生态文明建设的文化旗帜

生态文明建设首先要唤起生态文明意识，让生态文明的理念深入人心，且要明确生态文明建设的两重要义：一是不能停留于生态环境保护、生态修复等“先污染后治理”的形式层面；二是要着重发展以生态理念为指导思想的，深刻改变经济社会运行方式、深刻改变人们生产生活的文化内核，将生态文明树立为一种文化信仰与精神价值，而政府则是这种文化的旗帜。自党的十八届五中全会以来，明确提出“创新、协调、绿色、开放、共享”五大发展理念，这是新形势下党针对生态问题提出的先进价值理念，也是未来一段时期甚至更长远的泽被后世的长期国家发展战略。这代表了人民最核心的利益，代表了社会先进生产力发展方向，集中体现了坚定树立生态执政理念的初衷与决心，这也是改革进入深水区之后又一次社会变革的有备尝试。生态文明的文化理念与精神内核，需要政府作为文化旗帜来加以贯彻执行，秉承党的革命传统与中华优秀传统文化，积极借鉴成功经验，将与绿色发展理念一脉相承的先进文化与智慧结晶统一到生态文明的文化旗帜下来。

3. 政府是生态文明的制度供给者与执行者

政府是无可争议的生态文明制度供给者与执行者。生态文明制度设计的初衷是实现人与自然、人与社会、人与人的和谐，并用制度框架加以保障。建立制度化的长效机制，是建设生态文明的必由路径。我国现有生态法律框架是以《环境保护法》为核心和基本法，《水污染防治法》《大气污染防治法》《固体废物污染环境防治法》《水法》《森林法》《草原法》《循环经济促进法》等为辅助的法律体系，但新形势下对生态文明建设提出的新要求，需要在现有法律框架基础上进行制度创新，2014 年版《中国环境保护政策法规汇编》涉及了过去环境问题未曾涉及的生态问题，如环境综合评测、大气污染防治、水污染防治、垃圾分类、噪声污染防治、放射性污染防治等一系列新的政策法规。法律体系、立法质量与执行效率有极大提升。

但由于长期的生态欠债及粗放型经济发展模式的路径依赖，导致我国面临经济结构性升级的瓶颈。互联网对传统业态的颠覆性改变，更增加了新形势下的立法难度与制度成本。作为生态文明建设制度供给者与执行者，我国政府必须时刻关注时代变化趋势对生态执政提出的新要求、新挑战。

4. 政府是全球生态合作的策划者与参与者

生态问题早已不是一国、一地的问题，是关系全人类共同福祉的全球性问题。生态文明建设，不是一个国家可以单独解决的课题，必须在全球范围内考虑生态问题，加强国家间的生态合作，共建生态文明。一方面是经验与信息的共享，加强交流与合作；另一方面是建立“碳交易”之类的全球性框架协议，基于共同契约，所有国家担负起生态责任，并履行承诺。政府作为全球生态合作的策划者与参与者，应责无旁贷地承担生态文明建设的责任与义务。政府作为国际交流的合法代表，是全球生态合作框架的运行主体。生态外交与环境协议，是未来全球生态合作的主流。党的十七大首次将全球生态合作作为与外交、政治、经济、文化、安全等国家战略并重的课题加以讨论。截至目前，我国已在全球建立生态信誉，参与了《联合国人类环境宣言》《21 世纪议程》《约翰内斯堡可持续发展宣言》等文件的起草工作，参加了《联合国海洋法公约》《控制危险废物越境转移及其处置巴塞尔公约》等国际立法的谈判起草工作。但我国政府也应清醒地意识到，政府作为生态合作的策划和参与职能，与发达国家仍存在较大差距。作为一个生态大国，中国政府正在承担起相应的责任、压力与职能，进一步巩固国家间生态合作策划者与参与者的角色定位。

三、我国地方政府生态职能的形成与发展

（一）政府生态职能的提出

生态问题，可纳入“大社会问题”的范畴；政府的生态职能，可纳入“大政府职能”的一部分。此时提出并强化政府的生态职能，是顺应社会变革，是大势所趋。因此，有必要将政府的生态职能独立出来，与政治职能、经济职能、文化职能和社会职能并驾齐驱，成为政府职能的基本类型（颜添增，2010）①，并要引导各级政府加强认识。据此，政府生态职能的提出具有重要的理论价值和现实意义：其一，是解决当前生态问题的迫切要求；其二，是新常态下推进生态文明建设的时代要求；其三，是新经济背景下政府与时俱进、顺应时代发展进行职能转变与服务创新的现实需要——“只有这样，生态文明建设才能进入制度化轨道”（陆畅，2012）②。

（二）政府生态职能的内涵

为清晰界定政府生态职能，学界对政府生态职能的内涵界定做出了很多有益的尝试，如提出“生态行政管理”“生态型政府”“环境友好型政府”等全新概念，为进一步探讨生态职能的内涵建

① 颜添增．我国政府生态职能探析［D］．北京：北京林业大学，2010.

② 陆畅．我国生态文明建设中的政府职能与责任研究［D］．长春：东北师范大学，2012.

构新的视角、框架，并奠定理论基础。

首先，从概念层面，政府生态职能是与政府政治职能、经济职能、文化职能和社会职能相对独立的职能类型。“政府生态职能是政府应对和解决生态问题向社会提供的生态产品和服务，促进人与自然和谐可持续发展的过程中具有的功能”（陆畅、赵连章，2012）①。缪磊②从政府解决生态问题的功能视角解读生态职能，提出相似观点。

其次，从内涵层面，应从以下方面解构：一是政府生态职能以解决生态问题为目标导向，生态问题的复杂性与广泛性决定了政府生态职能的复杂性和广泛性；二是政府生态职能体现为生态服务，生态职能的公共价值取向和生态服务的主要内容就是促进人与自然和谐共存，生态系统健康可持续；三是政府生态职能必须立足实际，遵循生态和社会发展规律，实现生态职能与政治、经济和文化职能之间在内容上的相互融合与嵌入，在方式方法上的相互区别与关联；四是政府生态职能是服务型政府的必然选择，为建立统一生态管理规范奠定基础；五是政府生态职能是完善生态保护体系、维护生态权益与社会效益的必然选择。

（三）政府生态职能的特征

制度情境决定了我国政府生态职能的内涵，并进一步决定了其基本特征。需要说明的是，政府生态职能首先是政府职能的一种，因此具有其他类型职能的一般性特征，如公益性、整体性、法定

---

① 陆畅，赵连章．论我国政府生态职能的重构［J］．科学社会主义，2011（5）：84.

② 缪磊．生态文明视域下我国政府生态职能研究［D］．南京：南京师范大学，2014.

性、有限性、权威性、有效性、服务性、公开性、责任性、权变性等。此外，政府生态职能还具备自身独有特征，本研究基于不同观点（陆畅，2012；颜添增，2010；缪磊，2014）①②③ 的系统梳理，总结如下：

（1）独立性。政府生态职能是顺应时代变迁与生态文明建设的客观需要而衍生的职能，既是顺应自然生态规律的产物，也是社会经济发展到特定历史阶段的必然。因此，政府生态职能在实现基础、运行机制等方面，与政治职能、经济职能、文化职能、社会职能等传统政府职能存在清晰的边界，具有法理上的独立性。

（2）公共性。与传统职能类似，政府生态职能不能脱离政府提供公共生态服务、进行公共生态管理的公共属性而独立存在，但在提供公共服务的内容、形式与要求方面与传统政府职能存在差异。

（3）系统性。生态问题是一个广泛而复杂的系统性问题，涉及社会发展的各个层面——这决定了政府生态职能的系统性。一方面，政府生态职能包含了解决生态问题的管理与主导作用；另一方面，包括提供公共生态服务和公共生态产品的服务功能。

（4）综合协调性。政府职能针对的社会生态系统，是与自然生态系统高度类似的综合完备的职责系统，其生态职能必然触及系统内部各个关键网络节点，寻求系统性嵌入与动态匹配。因此，政府生态职能匹配的各项生态法规与政策，需要具有高度的协调性与系统性。此外，生态职能的综合协调性还体现在政府生态管理部门与其他职能部门、企业、社会公众之间关系的协调，以便实现多方力

---

① 陆畅．论我国政府生态职能的重构［J］．科学社会主义，2011（5）：84.

② 颜添增．我国政府生态职能探析［D］．北京：北京林业大学，2010.

③ 缪磊．生态文明视域下我国政府生态职能研究［D］．南京：南京师范大学，2014.

量的有效整合与协同。

(5) 复杂性。生态问题已不是一国一地的问题，而是全人类共同面对的全球性问题。这要求政府部门在履行生态职能时必须能够应对复杂性问题，具备经济、文化、法律多维度高度协同、多渠道高度配合的系统性职能实现方式。

(6) 合作治理性。社会多元合作治理是未来大势所趋，这要求政府履行生态职能一方面不再承担全部生态责任与绝对主导作用，另一方面意味着政府必须顺应时代变迁，积极寻求与企业、非政府组织、社会公众的广泛合作来构建生态文明建设的管理系统，建立高度协同、合作治理的生态政治框架。

(7) 规律性。履行政府生态职能是一项需要尊重客观规律的系统复杂工程，必须通过科学预测、科学探索、科学证明来摸索生态文明建设的规律性，实施科学生态管理。

(四) 政府生态职能的主要内容

基于政府生态职能的内涵与特征分析，本研究提炼并归纳政府生态职能的主要内容，共包含三个层面：第一层面是动态响应自然生态环境衍生的各种生态问题，如生态环境保护、污染治理等，侧重解决技术层面的生态问题；第二层面是构建动态应对生态环境问题的一整套政策措施，从制度层面解决生态问题；第三层面是基于生态管理制度构建生态服务型政府，并从根本上转变观念，从制度层面保证政府生态职能的运行及对生态问题的有效处置。

因此，政府生态职能可细化为如下四个方面：第一，增强生态意识，强化资源保护能力；第二，加强生态监管，全面构建资源集约型发展模式；第三，建立健全生态保护机制，并将制度落到实处；第四，构建生态服务型政府，全面转变观念与职能。

四、我国地方政府生态职能履职现状

结合我国现阶段基本国情，需要明确生态文明建设理念——经济、社会、政治、文化与生态效益多元一体。必须明确，政府生态文明建设的基本职能定位。考察我国政府的生态职能的现状，可以发现，仍存在诸多问题亟待解决。

（一）地方政府生态职能概况

首先，需对我国各级政府生态文明建设的历程与现状加以分析。目前，我国各级政府对生态职能的观念处于逐渐形成与转变的过渡期：一方面，政府高度重视生态建设，打造“生态服务型政府”已成为全新执政理念。全面普及与成效显现需由点及面、由浅入深，保障生态文明与环境保护的决策得到全面执行和落实。另一方面，生态文明建设的立法与政策制定已超越单一部门或区域的层面，已提升至国家整体发展规划层面，正在进行全国范围的宣传普及与实践推广，自上而下将生态文明建设推进至最基层，自下而上鼓励社会各界群体积极参与推动生态文明的改革实践。

其次，我国政府生态职能的建设尚处于逐渐完善期：第一，政府生态职能分散，传统职能观念需逐步转型；第二，政府生态职能与传统政府职能高度协调，外溢效应才能明显；第三，少部分地方政府对生态职能重视不足，观念守旧，未全面树立生态责任意识，有时为了经济发展，一定程度放松生态监管；第四，少部分地方政府对生态建设投入不足，配套设施与环保监管滞后于实践要求。

（二）地方政府生态职能履职问题及成因

就现状而言，我国生态文明建设存在上述问题的原因是错综复杂的。总体而言，现阶段我国政府生态职能正在顺应经济社会发展的新形势而优化和完善。地方政府职能与生态文明建设要求尚未精确对接，原因如下：

1. 政府职能转变不彻底

一是由于各级政府 GDP 挂帅的传统思想，一定程度上制约了生态职能对可持续发展的重要作用的认识；二是“先污染后治理”的路径依赖，导致个别地方政府可能存在以牺牲环境换取执政业绩的侥幸心理。

2. 经济主体利益多元分化

一方面，成本、竞争、社会变革等因素形成企业生存的严酷压力，导致其缺乏自觉履行社会责任的内生动力；另一方面，党中央、国务院加强生态环境保护、打好污染防治攻坚战的决心坚定，让各级地方政府普遍感受到环境治理的紧迫性和巨大压力。

3. 公众的“环保依赖性”较强

现阶段，公众尚需强化生态意识与生态道德。生态文明建设与环保实践中，政府主导，而公众政策制定的参与积极性不高，有效表达不足，非政府行为的生态保护行为收效不大。由于缺乏足够的激励，社会公众参与环保的意识和内生动力都有待加强。

4. 环境执法监管力度有待加强

当前，行政监察部门对环保监管职能部门的监督机制日益完善，环保行政领导问责制有效落实，但环保监督若缺乏社会公众的广泛参与，环保执法可能面临取证与信息获取困难。

五、我国地方政府生态职能转变的三个维度

基于上述研究，需要进一步推动我国政府生态职能的实现与转变。我国政府在执政理念、法律法规、社会发展和经济建设等诸多方面取得骄人成就，生态职能的补位成为当前必须面对和解决的重要课题。首先，政府必须牢固树立生态文明建设的信念与意识，在职能转变过程中要有目标导向（金太军，2002）①；其次，政府职能定位是否合理不应仅参照单一标准，应符合行政改革的大趋势，职能设计、组织结构变革的选择应符合我国国情；再次，必须认清现实，我国生态文明建设尚处于初级阶段，各级政府正处于从全能到有限、从权力到责任、从管制到服务、从低效到高效、从传统政务到电子政务的关键转型期（王阳，2005）②，需要适应新形势的全新定位。政府生态职能与传统政府职能存在本质差异（刘利，2008）③：第一，从环境到生态的转变，二者的研究范畴存在理论边界，明确这一点是实现生态职能转变的认知基础——将生态问题提升至人类存续的核心问题高度，将生态从被动开发转变至主动保护的核心位置。第二，从管制到服务的转变。传统政府的生态行为具有强烈的行政色彩，且为“后发行为”；伴随服务型政府的构建，引导、沟通、协调、激励等主动交流方式将减弱生态问题处理过程的冲突，提升效率，转变为“先发行为”。

---

① 金太军．政府职能梳理与重构［M］．广州：广东人民出版社，2002.

② 王阳．论转型时期地区政府职能的转变［J］．党政干部学刊，2005，（12）：9-11.

③ 刘利．新时期政府生态服务职能的转变与实践［J］．中国环保产业，2008（8）．

为进一步推动职能转变，潘忠贤（2010）[①] 提出了树立和谐共生生态优先的执政理念、完善生态环境补偿机制及法律政策体系、规划生态产业体系、构建多元协同治理机制、构建技术创新体系等五方面措施。另有学者进行补充，认为政府应提供生态文明建设所必需的制度环境，并积极在应对生态危机、消除资源环境的经济外部性中引入市场机制，并建立生态市场和生态 NGO，弥补政府生态职能的不足（肖文涛、谢淑珍，2013）。通过落实生态问责机制，提升生态文明建设的法治水平（程李华，2013）[②]。

综上，政府生态职能转变可归纳为三个维度：

第一，政府执政理念的生态化转变。要解决人们对待生态问题的价值观与方法论问题，尤其是社会发展的思维方式，可通过加强生态意识宣传来使绿色 GDP、绿色消费等观念深入人心；其次要转变生态问题一切依赖政府的传统意识，引入民间资本，号召全民参与，令生态文明建设变成社会公众日常生活工作的一部分。

第二，政府制度层面的生态化转变。顶层设计是根本问题，制度细则与具体实施则确保生态化执政落到实处。

第三，政府执行的生态化转变。首先要明细环保部门与其他政府机构之间的职权关系与权力边界，避免职权交叉推诿扯皮；其次是理顺不同级别环保部门之间的权力边界与归属关系，提升执行力，变横向管理体制为垂直管理体制，责任落实到个人；最后要充分发挥政府宏观调控手段，建立生态补偿制度，激励生态文明有效实现。

---

① 潘忠贤．生态文明视域下地方政府职能的重塑——基于温岭市生态建设［J］．广西社会主义学院学报，2010，21（4）：75-79.

② 程李华．政府应如何履行生态文明建设的职能［J］．中国党政干部论坛，2013（10）：102-103.

六、强化我国政府生态职能的三条路径

结合以上分析，应从政府生态价值理念、生态制度和生态实践等三个方面强化我国政府生态职能有效落实。

第一，强化政府生态价值理念，树立牢固生态意识与责任意识，加大各级行政官员的生态意识与建设水平，并逐步拓展至社会公众。以科学的政绩考核机制推进生态执政，确保责任、业绩落实到位。

第二，完善政府生态职能的制度化建设。应建立政府生态信息系统，实现数字化生态管控、信息化生态预警、大数据生态监管。充分利用宏观调控手段，以生态补偿制度、税收制度引导资源向生态文明建设流动；立法为生态文明建设提供制度保障，制约地方政府的公共权力，重构政府职能的总体框架，提升政府生态执政、生态服务的能力。

第三，构建政府生态职能系统平台，变革经济增长驱动模式，由资源驱动、投资驱动转型升级为创新驱动。调整产业结构，推进“全产业链”的生态化转型。倡导绿色社会行为方式，构建公众参与政府生态管理的协同机制。加强专门人才培养，推动生态化技术创新等。

综上，强化政府生态职能，需要系统构建整体框架，将政府有关生态环保的工作纳入统一职能范围，以提升效率。政府全面履行生态职能，要从机制层面完成顶层设计，为政策落地、细节管控提供指导框架。同时，基于现有行政体系，建立职能相对统一的大部门体制，以提升国家战略决策在生态文明建设中的指导地位、约束力和执行力。总而言之，政府生态职能的终极使命，是建造一个高质量、可持续、人与自然和谐共处的环境系统，以实现社会、自然的和谐共生与福利最大化。

第二章　地方政府绿色发展职能的理论基础和动力生成机制

绿色发展是生态文明建设的必然要求和实践推进方式。作为地方政府，其行为取向决定于内在动机和外在激励的组合。其内在动机主要是追求政治晋升和充裕地方财政；外在激励主要包括政治激励和财政激励。

一、地方政府绿色发展职能的理论基础

要确立政府激励和约束机制，使其主观上有环境保护的动力、客观上有环境保护的能力，必须从理论深处挖掘政府职能及其履职机理。

（一）公共组织理论

人类社会在其自身不断运动发展过程中产生了政府组织，作为公共组织的有机组成部分，政府是负有执行性管理职能的非营利组织系统。因此，公益性就成为公共组织的鲜明特征。尤其“在现代社会，政府的公共性质越来越为人们所关注，而且极力维护政府的公共性也成为政治发展的一个必然趋势”①。

① 张康之．政府的责任在于培育成熟的社会［J］．浙江学刊，2000（2）：20-22.

进一步讲，政府是一个社会公共事务管理的最主要的公共组织，它具有维护社会公共利益的组织宗旨和目标。公共组织具有公益性特点，提供公共品或公共服务具有非排他性和非竞争性，存在的宗旨是有益于社会、有益于人民，弥补市场供给的不足。与公共组织对应的工商企业组织，宗旨是通过市场行为提供产品或服务并获取利润，营利或利润导向是其组织运营的终极目标。因此，公共组织与工商企业组织的根本区别在于是否以“营利”为导向。这种公益目的决定了公共组织的行为方式和发展方向。换言之，政府本质上是运用公共权力对社会公共事务进行管理以实现社会公共利益的公共组织。政府对公共权力的行使要通过其职能设置体现出来。从一般意义上看，政府职能具有工具性功能和目的性功能两个方面，两者既互相独立又互相作用，不可分割。政府职能的目的性功能是根本价值导向，工具性功能要以目的性功能为指引。然而，在当代社会发展过程中，政府职能的两个功能之间发生了疏离，人们往往只重视和强调政府职能的工具性价值，而忽略了政府职能的目的性价值。因此，要实现两者的统一就要求政府在职能设置上充分考虑社会公共利益和最广大人民群众的根本利益和价值诉求，并以此导向设置和行使政府职能。而生态环境作为典型的公共物品，体现了社会的公共利益。“所谓‘公共物品’是现代经济学中对具有某类共同属性的产品和服务的概括，具有广泛实用性、不可分割性和非排他性，只要这种产品和服务存在，公众都可以消费。”① 生态环境建设的行为对象，包括山川河谷、森林海洋等自然资源，基于人类活动实现生态系统（如土地、气候、生物等）的良性循环。

① 张蕾、程鹏．论政府在生态环境建设中的作用［J］．林业经济，2002（7）：40-42.

上述行为客体为人类共有，而非某家工商企业私有，具有极高的公益性与非排他性。生态系统良性循环蕴含的生态价值（或生态效益）可视为一种社会共享的公共福利，不能通过市场行为进行交易或调节，必须通过政府干预和强制执行以维护其公平性与持续性。生态建设这一公共职能为政府特有——社会公共利益的权威代表，非工商企业组织所能替代。因此，政府必须扮演好解决生态环境问题的角色并履行如下义务：一是树立保护环境建设生态文明的价值观；二是深刻把握生态系统运行的特点与机理；三是建立符合生态系统运行规律的科学思维方式。总之，是“政府本身的性质和目的决定了政府改革和发展的长远目标是促进经济社会的可持续发展”，促进人与自然的有机统一，保障人类社会与整个生态系统的和谐共存。这既彰显了政府环保职能的公共性，也是其生态职能的首要价值。当然，由于社会背景、发展阶段等因素的不同，各个国家在怎样保护生态环境、需要采取哪些保护方式或保护手段上都不尽相同。

除了公益性之外，社会性也是公共组织的重要特征，公共组织是社会公益事业的服务者，对社会生活进行广泛的管理。而生态环境的保护和建设具有很强的社会性。生态环境建设是以保护生态系统良性循环与可持续发展、建立人与自然和谐共生、相互融合的过程，是跨区域、跨行业、跨行政职能的交叉性、融合性、有机的、系统性工程。一方面，要求中央政府及地方各级职能部门的政策引导与资金划拨，具有极强的公益性；另一方面，需要社会各界、企事业单位、非政府机构、民间组织等社会群体参与和资金投放，具有广泛的社会性。工程建设的主体，需要各级政府职能部门的有机协同与社会公众的广泛参与。工程建设的收益，深刻影响国际生态安全与国家综合国力的建设，涉及全体国民、甚至全人类的共同福祉。生态环境利益无国界、生态环境建设无国界，应牢牢树立全球生态价值观，跨出国门，积极探寻与国际社会通力合作的机遇，为生态环境建设全球化的宏伟目标共同努力！

另外，从公共经济学的角度看，生态环境问题属于典型的公共问题，它具有经济负外部性，容易造成集体行动的困境或公地的悲剧，是市场失灵的领域。加上社会民众环保意识的薄弱、社会组织环保力量的分散也使得环境保护存在志愿失灵的可能性。那么，政府作为强制性和合法性的公共组织，依靠自身的公共权力实行环境保护，其保护力度是个人和其他社会组织所无法比拟的。“由生态危机引起的各种问题深刻而普遍，它不能仅仅依靠科学技术或市场法则来解决，其全局性、综合性、历史性、长期性决定了这个问题已经成为人类面临的重大公共问题，必须由政府出面，整合各个方面的资源，设计公共政策，履行公共职能，加强公共管理，才有望得到解决。”①

（二）政府职能理论

马克思主义认为经济基础与上层建筑矛盾运动规律是人类社会发展的基本规律。经济基础决定上层建筑，上层建筑对经济基础具有能动的反作用。政府组织作为政治上层建筑的重要组成部分，它是在一定意识形态指导下建立起来的，是统治阶级意志的体现。确切地说，政府是通过设立职能部门从而在国家和社会管理中发挥作用，维护统治阶级的阶级统治的。“政府职能是行政管理的基本问题，是政府一切活动的逻辑与现实起点。政府权力来自法定的政府

① 高小平．落实科学发展观加强生态行政管理［J］．中国行政管理，2004（5）：47-51.

职能，政府所有其他要素都是由职能派生出来的。职能定位正确与否，是政府能不能正确行使权力、发挥相应作用的关键。”① 由于国家所管辖的公共事务主要包括经济、政治、文化等领域，因此政府的职能可划分为经济职能、政治职能和文化职能等。当然，在阶级社会中，政府职能也可划分为统治职能、管理职能和服务职能。这是由早期传统政府的特点所决定的。早期的政府职能体系设置单一、形式简单，所以对政治上的统治职能尤为重视。然而，随着近代以来，人类社会经济的发展程度达到了以往任何时代不可比拟的程度，“政府职能属于社会上层建筑领域，随着社会经济基础的变化，转变政府职能具有客观的必然性。就价值定位而言，它应以社会本位为其内核心，应以社会利益和社会要求为自身价值的参照体系。”② “从人类社会发展的总过程来看，政府发展经历了统治型政府、管理型政府和服务型政府三个阶段，与之相对应的是，政府职能模式也经历了从统治型政府职能模式到管理型政府职能模式再到服务型政府职能模式的转换。从政治统治职能向社会管理职能的转换，标志着政府职能走出传统社会而进入近代社会。”③ 伴随近代社会的到来，人类理性主义思潮空前高涨，人类对必然规律的认识也不断深化。经过文艺复兴、宗教改革，尤其是启蒙运动，人类文明程度得到了空前提高。统治阶级为了把社会控制在一定的秩序范围内，必然要根据人类文明程度的发展不断地满足社会成员的需要与需求，因此，人类社会的公共服务呈现出多样化的趋势。为了满足这一趋势，政府的职能需要不断调整、转变与完善。

① 高小平．行政管理体制改革的关键是转变政府职能［N］．人民日报，2008-02-27.

② 沈荣华．关于转变政府职能的若干思考［J］．政治学研究，1999（4）：54-60.

③ 张康之．公共行政中的哲学与伦理［M］．北京：中国人民大学出版社，2004.

马克思主义唯物史观认为，政府职能是一种历史现象，具有暂时性、动态性等特征，它会随着社会历史的发展而不断地变换其内涵。也就是说，政府需根据社会发展的不同阶段，进行政府职能范围的调整，社会变迁是政府职能转变的重要原因。不同的国家、同一国家的不同发展阶段，其政府职能的内容、侧重点、实现方式都会不断地发展变化。立足当代社会，我国政府有必要及时强化社会管理、公共服务职能。这是因为，从实践逻辑分析，“一方面，人类社会发展的趋势就是社会自我组织和自我管理的能力日益增强，这需要政府把主要工作用于提供公共产品和公共服务。另一方面，社会管理和公共服务职能的实现也为政治统治增强了合法性基础，政府就获得了更多的支持和拥护”①。从理论逻辑考察，“新公共服务理论”是社会契约理论的延伸与放大，提倡政府与公民之间基于“信任”建立良好而稳定的社会契约：通过政府提供的公共性、社会性服务获得公民“信任”，实现社会总体福利最大化。该理论批判了“全能型政府”的职能无限膨胀导致的公共资源浪费与社会福利损失，并滋生“寻租”等腐败行为。因此，必须科学、合理、明确地界定政府职能定位与权责边界，“政府的归政府、市场的归市场”，“无形之手”与“有形之手”要分开，建立公民自主的法制社会。政府的职能与权力必须“关在笼子里”，严格限制在保护产权、维护社会公义、公共安全秩序等公共服务边界之内，从全能型政府向有限型政府转变、从职能型政府向服务型政府转型升级。

党的十八大以来，以习近平同志为核心的党中央把生态文明建设纳入“五位一体”总体布局，提出“既要金山银山，也要绿水

① 陆畅．我国生态文明建设中的政府职能与责任研究［D］．长春：东北师范大学，2012：21.

青山”，强调各级政府、各类组织要高度重视保护生态环境、治理环境污染，高度重视加强生态文明建设。这不仅事关全面建成小康社会，也是中华民族永续发展的基础。为此，2013 年《中共中央关于全面深化改革若干重大问题的决定》明确提出：加强中央政府宏观调控职责和能力，加强地方政府公共服务、市场监管、社会管理、环境保护等职责。我国政府为缓解日益严峻的环境压力，根据中国特色社会主义的实践需要，将自身的职能范围从原有的“宏观调控、市场监管、公共服务、社会管理”的 16 字界定为“宏观调控、市场监管、公共服务、社会管理、环境保护”，增加到了 20 字。这是中国特色社会主义理论在实践中发展得到的最新认识，这既体现了我们党和政府对在工业化和城镇化过程中产生的生态危机的清醒觉悟，又凸显了政府职能转变的新内涵。“随着环境状况的不断恶化，加强政府的环境管理职能已日益成为各国政府有效地处理环境问题的根本手段，我国政府也把环境保护确定为一项关系到未来可持续发展的基本国策。因此，强化环境管理是完善政府职能的重要内容。”① 况且，“当前，世界各国政府的管理和服务职能都在扩张，其中一项重要事务就是进行环境治理，向社会提供保护环境的公共物品。政府之行使环保职能，必须具有为公众谋求整体利益和长远利益的使命感，并负责任地向社会提供环境政策、环境制度这样的公共物品，在宏观上坚持可持续发展的方向，在微观上发挥经过修补的市场调节功能”②。

---

① 赵宇峰．试析环境管理与政府行政［J］．社会科学家，1999（2）：20-23.

② 肖巍，钱箭星．环境治理中的政府行为［J］．复旦学报（社会科学版），2003（3）：73-79.

（三）服务行政理论

"'服务行政'，在一般意义上而言，是以维持人们正常生活、增进人民福祉和促进社会运转与发展为目的，政府据此直接或间接地向公民提供公共服务，这些服务事项往往是公民个体、社会组织或市场机制所不能自行提供的，以此来保障公民的基本生活。"① 党的十八大以来，习近平总书记对国家治理体系现代化作出一系列重要论述，他指出："为党和国家事业发展、为人民幸福安康、为社会和谐稳定、为国家长治久安提供一整套更完备、更稳定、更管用的制度体系。这项工程极为宏大，必须是全面的系统的改革和改进，是各领域改革和改进的联动和集成，在国家治理体系和治理能力现代化上形成总体效应、取得总体效果。"② 政府作为国家公共权威的化身在国家治理体系中发挥着重要的作用，建构国家治理体系，必然要求政府工作的重心与管理职能发生根本性变革。"服务"将替代"管制"成为政府职能改革的总方向。相应地，也应以"服务行政"为目标建立起有中国特色社会主义的公共服务型政府。

服务既是政府职能发展的宗旨和趋势，也是当代政府改革的目标和关键。相对于农业社会、工业社会以及正在发展的后工业社会而言，人类的行政模式大体上经历了统治行政、管理行政和服务行政三个阶段。其中，从实践形态认识服务行政模式，它是以维护社会公共利益为价值旨归，以为公民服务为根本宗旨。简而言之，服务型政府就是指政府一切工作都要以公民整体利益的最大化为最基

① 江国华．中国行政法（总论）[M]．武汉：武汉大学出版社，2012：61.

② 习近平．切实把思想统一到党的十八届三中全会精神上来［N］．人民日报，2014-01-01.

本的出发点和落脚点。即“民主政府是为他们的公民服务而存在的”，在市场行为失灵的非竞争性领域，必须由政府提供公共服务与公共产品进行补救，以完成政府与公众基于“信任”的社会契约：政府获取公信力，公众实现利益诉求。政府、公民之间建立一种基于公共服务的信托关系，政府以提供公共服务为目标导向与核心价值，这是公民赋予政府的神圣权利。政府应利用“政府营销”建立“亲民、利民、便民、惠民”这一基于服务而非权威的更温和的政府形象。“新公共服务理论”强调政府应提倡“人本意识”，以人为本，提供公共服务的同时令社会公众获得尊严。基于合作与公众参与的公共服务流程，比单纯的政府提供公民接受更有效率，这对政府从传统职能型政府向服务型政府的转型提出新的挑战：“公民本位”“以人为本”是必须牢固树立的指导思想，要不断强化公共服务意识、改变固有的角色定位，引导社会公众的广泛参与并建立相互信任的合作关系。这就意味着：（1）“服务行政应该成为我国公共行政主导的与核心的价值范式，即‘全心全意为人民服务’的主导行政价值观。”[①]（2）政府服务于公民的利益而非政府的利益，能否为公众服务、怎样为公众提供服务是考察政府存在和发展的依据和标准。

政府的服务行为实质上是公民意志的反映。作为服务型政府，在基本原则上应提倡法治，做到有法可依，有法必依，避免知法犯法。用宪法、法律规范政府的职权，以立法规范服务行政；在用权理念上，要充分体现“权为民所用，情为民所系，利为民所谋”的价值取向；在组织方式上，要更好地适应经济社会发展对公共服务

① 刘祖云．当代中国公共行政的伦理审视［M］．北京：人民出版社，2006：28-29.

的需要，最大限度地整合社会资源，满足群众诉求，积极主动地提供公民所需要的各项公共服务，创造并维护公民所需要的社会环境。正如我国学者张康之所言，“具有充分公共性的公共行政是服务行政。只有在服务行政中，才能实现公共行政公正的价值取向。因为，对于服务行政来说，根本的行政观念转化为以服务对象的满意为最高标准”①。

环境保护是服务型政府建设的有机组成部分，是服务行政构建与实现的具体目标，是政府另一独立职能类型，其主要职责和功能是应对和解决生态问题，向社会提供生态服务，从而促进人与自然的协调发展。从历史上看，我国传统的统治型、管理型政府在行政过程中忽视了对环境的保护，当然，政府在管理行政阶段，也对生态环境进行过科学管理，但是，政府在整体上没有按照自然规律办事，经常出现“先污染后治理”、重于对环境污染的治理而忽略了对自然资源的保护的情况。

“服务型政府就是为公众服务，服务是一种基本理念和价值追求，政府定位于服务者的角色上，把为社会、为公众服务作为政府存在、运行和发展的基本宗旨。”② 服务型政府的建构与加强政府生态服务之间有着密切的内在联系，两者相互区别，又相互联系。“以服务的具体内容不同，区分为经济服务型政府、政治服务型政府、文化服务型政府以及生态服务型政府等。”③ “而所谓生态型政府就是指以实现人与自然的自然性和谐为基本目标，将遵循自然生态规律和促进自然生态系统平衡作为其基本职能，并能够将这种目

① 张康之．寻找公共行政的伦理视角［M］．北京：中国人民大学出版社，2002：186.

② 张康之．限制政府规模的理念［J］．行政论坛，2000（4）：7-13.

③ 黄爱宝．服务型政府构建与政府生态服务［J］．行政学研究，2008（3）：57-62.

标与职能渗透与贯穿到政府制度、政府行为、政府能力和政府文化等诸方面之中去的政府。”① 它体现了社会的整体意志，代表了公民的根本利益，符合服务行政理念的人民性和公共性。

“现代的政府行政强调的是一种服务行政，要为人民群众提供最优质、最广泛的服务，而这种优质服务当然包括政府为民众提供优化的生活环境。”② 如政府向社会提供公共生态环保教育、公共生态环保基础设施、公共生态环境监测与保护机制等有形的环保类公共产品和生态环保伦理观、生态环保法律制度等无形的环保类公共产品。除此之外，政府还需要加快建设公共财政体制建设，调整公共支出范围。“将公共支出优先分配于政府更具有比较优势和有利于社会公正的领域，加大对社会公共服务、公共基础设施建设和社会保障的投入，实现人与自然、经济与社会、城乡、阶层、区域的全面、协调、可持续的发展。”③

（四）责任政府理论

从政治学的视野来看，责任政府中的责任既是以人民主权与社会契约论为基础的民主理念与以社会（或公民）为本位的服务理念的表达，又是由此派生的向社会（或公民）负责的责任理念的展示。也即是说，政府必须积极履行其社会义务和职责，追求和实现社会或公民的公共意志和公共利益，否则，政府需要承担某种否定

---

① 黄爱宝．“生态型政府”初探［J］．南京社会科学，2006（1）：55-60.

② 赵宇峰．试析环境管理与政府行政［J］．社会科学家．1999（2）：20-23.

③ 秦杰，樊泓池．从公共组织的职能到建设服务型政府［J］．辽宁教育行政学院学报，2006（3）．

性后果。[①]“它要求政府必须回应社会和民众的基本要求并积极采取行动加以满足”[②]，“作为一种制度安排，责任政府意味着保证政府责任实现的责任控制机制”[③]。由此可知，公共责任的法治性、公共利益的至上性是责任政府重要的基本属性。

责任政府的构建是法治国家构建的重要组成部分，因此，法治精神对于责任政府意义重大。“当民主政治意识与法治精神全面渗透到公共行政领域之时，也就是责任政府建成之日；而责任政府的建成也预示着法治国家的战略目标的实现为期不远。正是从这个意义上来说，公共责任的法治性构成了责任政府的根本属性。”[④]

责任政府义务之一就是保护与促进公共利益，这也是其负有的历史使命。政府是统治阶级意志的实现者，是公共利益的代表者和维护者，为社会共同体谋利益是其职责，政府只有最大限度地实现公共利益，公众才会支持政府所采取的行动，才能巩固其存在的合法性。政府的权力与义务对等：对公民负责体现为实现公共利益最大化。在中国政治语境中，公共利益与人民利益有机统一，包括两层内涵：第一，人民的利益高于一切，这界定了公共利益的高度；第二，公共利益涵盖全体公民，体现公共利益的广度。政府的终极目标，是实现二者的有机融合与高度统一。始终代表广大人民群众的根本利益是衡量政府能力、责任与服务意识的核心指标。不能简单机械地认为公共利益是公民个体利益的简单加总，而应该追求公

① 巩固．政府环境责任理论基础探析［J］．中国地质大学学报（社会科学版），2008，8（2）：31-36.

② 王行宇．我国实现责任政府的理念转变与制度保证［J］．云南社会科学，2004（1）：26-29.

③ 张成福．责任政府论［J］．中国人民大学学报，2000（2）：75-82.

④ 陈国权，李院林．论责任政府的基本属性［J］．社会科学战线，2008（2）：199-204.

民利益的网络效应：规模经济降低服务成本，群体协同实现价值倍增。但同时更要注意的是，绝不能为实现总体利益最大化而牺牲公民个体利益，否则必将导致公民个体利益被肆意践踏，丧失社会总体利益最大化的实现基础，政府社会公共服务的职能与角色定位也终将异化。因此，保证公民个体利益神圣不可侵犯的前提，实现社会福利最大化，是责任政府追求公共利益的准绳与终极目标。归根结底一句话：始终把人民群众的根本利益和公民个体利益放在第一位！

政府环境责任成立的基础应为环境公益，环境公益又称为公众环境利益。公众环境即人类生存的自然环境，是人类社会存在和发展须臾不可离开的环境。马克思在《1844年经济学哲学手稿》中说道："没有自然界，没有感性的外部世界，工人什么也不能创造。自然界是工人的劳动得以实现、工人的劳动在其中活动、工人的劳动从中生产出和借以生产出自己的产品的材料。"① 可见公众环境对人的存在和发展的价值所在。为此，保护与维护公众环境利益就成为责任政府的目标与任务。公众环境利益是公众利益的重要组成部分，是中国公民享有的基本利益之一。公众环境利益本质上是一种社会公众集体利益的彰显，它具有主体共同性与客体整体性等特征。作为主体共同性，是指公众环境利益是社会公众共有的利益，是人类整体利益、社会共同利益。它区别于社会成员的个人利益。英国学者米尔恩认为，个人自我利益与社会公众利益的指向对象与受益群体有所区别。自我利益是针对特定个人而言的，而社会利益是指向社会整体、对于任何社会成员都有利的。在某种程度上，自

① 马克思，恩格斯．马克思恩格斯文集（第一卷）[M]．北京：人民出版社，2009：158.

我利益与社会利益会经常发生冲突，此时，使自我利益服从于社会利益是任何社会共同体得以维持所必须遵循的基本准则。关于客体整体性，是指公众环境利益维护的是自然的整体环境，不是针对自然界局部环境要素而言的。由于地球生态系统是有机统一、相互联系的整体，从终极意义上说，人类社会拥有共同的环境利益，任何个人或群体对自然环境的破坏，都是对他人环境利益的侵害。在一定意义上，公众环境利益是个人自我利益与社会成员利益协调、平衡的结果，作为对自然共同的价值需要，公众利益的实现是人的自由与全面发展的内在要求与必然诉求。

作为公共利益的执行者、经济利益的平衡者与公众利益的责任者，政府对公众环境利益的维护是政府环境事务管理权的正当性来源，也是政府对环境承担责任的道义基础。环境保护是全体公民最有代表性的公共利益，我国宪法也指出，国家负有保护与改善生态环境、生活环境的责任。《宪法》第二十六条明确规定："国家保护和改善生活环境和生态环境，防治污染和其他公害。"《环境保护法》第十六条："地方各级人民政府，应当对本辖区的环境质量负责，采取措施改善环境质量。"

那么，政府的生态责任即成为政府的根本责任之一。"政府生态责任是一种重要的政府责任类型，因而，生态责任政府的构建也就是责任政府构建中的应有之义。"① 因此应做到，第一，落实生态服务价值观念。整体与局部是事物发展过程的两个范畴，从总体上说，当局部与整体不发生冲突时，局部和整体处于相统一的状态，但局部和整体发生矛盾时，就需要牺牲局部利益维护整体利益。"政府在一定条件下发生价值观念冲突时，能否坚持生态民主

① 黄爱宝．责任政府构建与政府生态责任［J］．理论探讨，2007（6）：10-14.

和生态服务以及维护整体生态利益的价值观念相对优先，是建立与完善政府生态责任担当规则制度的核心和根本所在。”① 第二，协调政府生态责任规则制度与其他责任规则制度之间的关系。“生态环境本身就是一个多功能的有机整体，政府责任的担当也是一个复杂的系统工程，其中也必然需要政府不同的责任规则制度以及不同方面的生态责任规则制度与经济责任规则制度之间，生态教育、生态决策、生态执法监督和政府生态责任追究等规则制度之间以及他们自身不同内容之间的协调配合与相得益彰，而且包括生态责任担当的不同机构、不同部门以及不同环节等之间的协调一致和相互支持。”②

政府应当对环境负责，这在现代社会已成常识。但对于政府环境责任的理论基础，也就是“政府为什么要对环境负责”这一更为基础的问题却少有人加以深入探讨。因为“怎样”是由“为什么”决定的，如果我们不在“为什么”上有一个清晰明确的认识，那么对于“怎样”的把握就容易出现偏差。

（五）生态文明理论

党的十七大报告首次提出“生态文明”概念，党的十八大报告提出大力推进生态文明建设，这些都对政府的职能与责任提出了新的规范和要求。政府作为制定国家重大发展战略、政策、规划等内容的责任主体，必须与时俱进地承担起时代赋予它的新任务。生态文明是对工业文明的反思与超越，回首整个 20 世纪，人类的工业化进程飞速发展，在主客二分思维方式的影响下，自然环境遭受到

① 黄爱宝．责任政府构建与政府生态责任［J］．理论探讨，2007（6）：10–14.
② 黄爱宝．责任政府构建与政府生态责任［J］．理论探讨，2007（6）：10–14.

了人类的破坏。大气污染加剧、水体污染严重、生态失衡加重等状况频繁发生。资源、环境、能源对于中华民族的伟大复兴，实现两个一百年奋斗目标意义重大，它是中华民族永续发展的基础和前提，合乎自然规律地改造和利用自然，追求人与自然的和谐是无产阶级政党领导人民群众推进社会主义事业的基本原则和必然要求。我国政府是马克思主义政党领导下的政治组织，它的作为对于社会主义生态文明建设至关重要，作为主导和推动生态文明建设的主体，它必须要对经济发展过程中的生态危机有所反思，并引导全社会树立人与自然和谐相处的生态文明理念。世界上很多发达国家十分注重生态环境保护，尤其在成功完成现代化转型之后，更是尽其所能地通过各种传媒手段、各类渠道宣传提高公民的生态意识，并积极引导公民参与生态文明建设。鉴于此，在新型工业化道路的进程中，我国政府对此也理应充分重视，并需认真履行倡导、教育和推行生态文明理念的职能和责任。对于企业，政府应加强引导其树立合理的利益观、科学的利润观、持久的发展观；对于社会公众，政府应充分调动其对生态文明建设的积极性、主动性和创造性，培育增强人民群众对生态文明建设的责任感和使命感。政府只有加大倡导与推行的力度，生态文明的意识、理念及价值观才能潜移默化地深入人心，成为全社会的共识，润物细无声般地实现人与自然的和谐与可持续发展。

二、地方政府履行绿色发展职能理路探讨

当代社会，环保职能是政府的基本职能之一。我国在过去相当长的时期内，受制于理论认知、哲学观念、社会经济发展水平等具体的历史环境，政府及民众的环保意识非常薄弱，经常出现通过破坏生态环境换取经济一时发展的现象，高速发展的经济总是伴随着

对生态环境的巨大破坏。此过程中政府的环保职能几近于缺失。随着经济水平的提高以及可持续发展观的深入人心，政府及人民群众的环保意识越来越强烈，“既要金山银山，又要绿水青山”，发展绿色经济、获取绿色 GDP 成为普遍共识。

党的十八大报告首次提出了“经济建设、政治建设、文化建设、社会建设、生态文明建设五位一体”的总体布局，将生态文明建设提升到国家战略层面。政府良好地履行环保职能是确保我国生态文明建设的重要环节。

在我国，政府（行政机关）分为中央政府和地方各级政府，中央与地方政府履行环保职能，是其履行作为社会公共事务管理角色的基本职责之一。中央政府作为国家最高行政机关，是国家行政权力在地方实现社会管理的体现。相对于中央政府，地方政府是区域性政府，服务于具体的区域。政府（无论中央或地方政府）以为社会公共事务供给并提供有效服务为天职，公共利益最大化始终是上述行为的初衷与宗旨。在履行环保职能方面，政府应该通过政策、法律、经济、行政、教育等手段引导社会民众、企业组织等提升环境保护意识、参与环境保护活动。

（一）中央政府对地方政府的激励考核

许多学者认为，在目前的分权机制下，加强对地方政府的环保职能的激励考核，是督促、提升地方政府良好的履行环保职能的重要手段。就政府实际的考核过程来看，在过去相当长的一段时期内，GDP 指标往往在地方政府政绩考核中占据非常重要的地位，环保指标的比重较低，甚至有时候并不起实质作用。党的十八大报告提出的“五位一体”的战略发展目标，极大地提升了生态文明建设的战略地位，提高了环保指标在地方政府考核中的权重，尤其是环保考核的一票否决制，使地方政府必须高度重视履行环保职能。

目前，地方政府绿色发展职能尚需进一步强化，规避为追求经济利益而牺牲环境生态的倾向。在监督监察方面，应进一步加大人大、司法等外部监督、事前监督的力度。

目前，有一系列的环境问责制度来约束地方政府为发展经济而破坏环境的行为，但是对较好地履行了环保职能、地方生态环境与社会经济良性发展的地方政府，激励力度可进一步加大。应提升环保指标在政府干部晋升考核制度中的权重，使环保工作得力的官员获得相应的政治预期。有效的激励机制能够保证、促进地方政府积极履行环保职能，可以促使其做到生态环保与经济社会发展共赢。

（二）地方政府环保职能与服务型政府转型

随着生态文明建设日益增强，环保意识日益提高，生态问题已成为各级地方政府重点关注的突出问题，传统的政府“全能型”“直控型”“审批型”的管理模式已成过去，向现代化服务型体系转变已成必然趋势。尤其是在环保职能履行方面，对服务型政府的呼声更是高涨。党的十八大报告也提出了建设服务型政府的目标：“深入推进政企分开、政资分开、政事分开、政社分开，建设职能科学、结构优化、廉洁高效、人民满意的服务型政府”。

以服务为导向是政府的应有之义。首先，要进一步强化“权为民所赋、权为民所用”的观念，继续坚持和践行全心全意为人民服务的宗旨。其次，继续充分发挥地方政府的宏观管理职能，加强对市场的引导和规范作用，引导绿色经济发展和可持续发展。再次，充分发挥企业在市场经营活动中的主体作用，健全政府的社会管理和服务职能，引导企业实行经济产业结构转型和升级，为企业发展绿色经济提供所能提供的服务，包括提供人才、政策支持、完善市场制度、根据企业需求进行定点服务等方面。

目前的环境生态问题，基本上都是在经济社会发展的过程中产生的，必须在经济社会发展的进程中解决生态环境问题。而经济社会发展并非只有政府一方角色，而是整个社会力量共同参与，生态环境保护和建设生态文明社会需要全社会的共同努力和共同参与。因此，协调各方利益、分工，加强协作，对推动环保工作意义重大，而协调者的角色正是服务型政府的基本职责之一。同时，服务型政府在履行环保职能时，应积极引入第三方监督、监察、治理机构，通过市场运作进行生态环保建设，正如樊根耀所说："以盈利性企业、非营利组织、公民个人等多元主体取代以政府为主导的单一治理主体，将能取得更好的环境治理绩效。"①

（三）民众监督与政府的宗旨

张康之指出："政府作为社会普遍利益的代表，不应仅仅满足于维护社会普遍利益，它的自为性决定了它应当有更高的追求，那就是把自觉地培育健全而成熟的社会作为自觉的终极政治任务。"②健全而成熟的社会，其表现之一是人民群众对公共事务的参与，对政府及公共事务的监督。在"全能型"政府的角色下，民众对公共事务的参与与监督在一定程度上是弱化的。

就环保问题和建设生态文明社会而言，民众是直接的当事者，无论因环保受益还是受损，民众都是结果的直接承担者。可以说环保问题与民众的关系如鱼水般息息相关。但长久以来，民众在政府

① 樊根耀．我国环境治理制度创新的基本取向［J］．求索，2004（12）：115-117.

② 张康之．公共行政中的哲学与伦理［M］．北京：中国人民大学出版社，2004：236.

履职环保职能的过程中积极性不高，人大的监督也需强化，民众监督渠道需进一步畅通，在信息共享方面在一定程度上与政府处于不对等状况，在重要环保问题上的知情权需进一步扩大。

“从长远角度来看，提高全民族的环境素养和公民对环境问题的理解和参与能力，使每一个人的行为方式和活动时刻规范到对环境友好的范围内，是彻底解决环境问题的社会基础。”① 因此，必须加强民众对环保问题的参与和监督。首先，提高人大参与、监督政府环保职能的有效性。各级人民代表享有人民赋予的国家权力，应当积极履行人大职能，尤其是加强事前监督监察职能。其次，畅通人民群众监督和反映途径，这是我们环保工作中较为薄弱或形式化的地方。在现代传媒、自媒体发达的时代，政府与民众接触的途径非常多元且便捷，应打造畅通、权威的监督反映途径。再次，引入第三方或非政府背景的社会组织，对政府的环保职能进行科学、客观的监测和评价，保证其说服力和公正性。最后，在地方政府考核体系中，引入民众的满意度测评和第三方测评，督促地方政府良好履行环保职能。

除此，履行政府生态职能还要正确看待生态文明建设与社会经济发展的辩证关系，这是履行政府生态职能的必要条件，也是实现生态文明视域下的社会与自然全面协调发展的前提。

政府作为社会事务的服务供给者与直接管理者，公共利益是其服务与管理行为的准绳与标尺。在履行环保职能方面，政府应该通过政策、法律、经济、行政、教育等手段引导社会民众、企业组织等提升环境保护意识，参与环境保护活动。

---

① 段昌群，等．生态环境问题对新中国政治生活之影响——从政治生态学的角度分析［J］．思想战线，2000（4）：44-47.

环境保护并不单纯是环保专家的任务，政府行为更为重要。它必然受到政治观念、国家战略和各类政策的影响，其过程是否顺利、成效是大是小等，都与不同层次的政策因素关系甚密。各层次的政策因素对环境保护影响的方式和程度不尽相同，政治策略、政治理念等从思想观念和基本原则上引导，而环境政策、科技政策等具体政策则立足于实践，现实地进行规范。

（1）环境政策是政府为了保护和改善环境所做出的计划、规则、对策的总称。现代环境政策是伴随环境问题严峻的形势而产生的，20 世纪 60 年代末 70 年代初形成于污染严重的发达国家。日本 1965 年针对严重公害问题设定了政府公害审议会，1972 年制定了《自然环境保护法》；美国 1969 年制定了《国家环境政策法》；法国 1971 年出台了其环境政策，并设立了相应的政府职能部门，颁布了环境保护法规。环境问题今天仍是各国的最大困扰所在，相应地，环境政策也仍是各个国家用来保证社会经济持续健康发展的重要国策。

中国现代环境政策于 20 世纪 80 年代提出，当时以预防和治理污染为主，规定了“预防为主、防治结合”“谁污染谁治理”和“强化环境管理”三条基本原则。20 世纪 90 年代，中国环境政策有了更长远的规划，明确以可持续发展为目的，从防治污染为主转变为防治污染和保护生态环境相结合，并制定了《中国 21 世纪议程》等保护生态环境的纲领性文件。今天，中国的环境政策进一步完善，《环境保护法修正案》自 2012 年下半年以来几经审议，几易其稿，2014 年 4 月 24 日全国人大常委会通过《环境保护法修订案》，新环境法于 2015 年 1 月 1 日实施；同时，中国对环境保护的要求更加严格。2013 年 6 月 8 日，《最高人民法院、最高人民检察院关于办理环境污染刑事案件适用法律若干问题的解释》审议通过，并于2013年6月19日开始施行。该解释对环境污染做出了更为严格的规定，对严重污染事件的确定标准更低，而惩罚更严厉。中国不断完善的环境政策将更有效地保护生态环境，更大程度地防治和减少环境污染和环境破坏。

（2）科技政策的制定对环境保护是最直接、最现实的影响因素之一。科技政策代表国家意志，它是以国家意志的形式来体现社会和民众的公共利益，具有政治上的合法性。科技政策在制定过程中，国家的科技部门、科学团体、民众等都以不同方式表述了其愿望，国家的科技主管部门集思广益、最终确定和公布科技政策。可见，科技政策代表了国家和广大群众的根本利益，具有相当高的权威性和相当大的影响力。而科技政策一旦出台，国家将发挥其政权机构的权威性，以强制和非强制的种种方式保障其贯彻执行。这从政治上保障了科技政策能够有力地推动环境保护。

科技政策所规范的对象，包括科技人员和运用科技成果的广大民众。在科技成了重要的社会事业和社会建制后，科学共同体出现了，而科学共同体内部有显示其独特性的行为方式和行动准则。美国著名科学社会学家默顿最早探讨了科学共同体的精神气质，他在1942年的《科学的规范结构》一文中提出了普遍主义、公有主义、无私利性和有条理的怀疑主义，作为科学共同体的行为规范，影响很大。随着科技的发展，特别是科技成果应用后的负面效应的突出，科技人员不仅要遵守早期以追求真理为核心的行为规范，还必须遵守强调善的科技伦理规则。科学共同体的精神气质基本上是科学工作者内部制定的，是科技人员的自我约束；而科技伦理规则主要代表着社会、国家对科技人员的要求。科技政策对科技人员的规范主要侧重于后者，它是国家对科技人员的行为方式、研究方向的限定，也是增强科技人员社会责任感的重要途径。面对严重的环境问题，科技人员不仅要更加全面、深入地认识自然界，揭示自然界变化发展的规律，而且要能够准确分析和预测科技成果的生态效应，以保护或不损害自然环境为标准，选择科技研究项目，确定可推广应用的科技成果，并针对已经或可能出现的不良环境后果，主动寻找科技上积极有效的措施加以排除或预防。

综上，为促进政府绿色发展职能的履行，可以从内生动力和外生动力两个角度进行制度设计。

实　证　篇

第三章　地方政府行为选择对环境绩效的作用机理

——基于新能源上市公司的数据

传统能源的日趋枯竭和严重的环境问题使新能源产业作为战略新兴产业受到各国高度关注。近十年来，我国新能源产业经历了快速增长到寒冬期再到缓慢复苏的起起伏伏，在拥有广阔前景的同时也面临着发展和融资难题。在政策层面上，新能源产业由于不具有成本优势而具有高度的政策敏感性，特别是地方财政政策的差异使其表现出较强的地域特征。在资金层面上，新能源企业的融资结构反映了其在筹集资金过程中的融资决策关系着企业的健康发展。基于此，本章从地方财政政策和企业融资结构两个方面对影响新能源企业绩效的因素展开研究，以我国新能源领域上市公司为研究对象，对 2013 年至 2015 年三年间 95 家新能源板块上市公司的财务数据进行筛选并形成面板数据，通过构建多元回归模型进行实证分析。实证结果发现地方政府的政策创新和新能源企业绩效表现出正相关关系，我国新能源上市公司的资产负债率与第一大股东持股比例对企业绩效具有负效应，企业的股权融资率和总资产规模与企业绩效之间表现出正相关关系。最后，根据理论与实证结果，结合我国新能源产业的发展现状从政府财政政策扶持和企业融资结构优化两个方面提出具体建议。

一、引 言

随着工业化和城市化进程的加快，中国在成为经济强国的同时也成为了最大的能源消费国和二氧化碳排放国。为缓解巨大的能源消费、温室气体排放以及严重的环境污染所带来的压力，中国政府不遗余力地通过发展各种可再生能源去调整能源结构来替代传统的化石燃料。继国家十二五规划（2011—2015 年）和中长期发展规划（2006—2020 年）提出节能减排的目标之后，国家十三五规划再次将实现能源结构优化和资源的重新配置视为未来工作的重点。一场以新能源为代表的绿色革命正在全国范围展开。中国政府计划到 2020 年时，每单位 GDP 的二氧化碳排放量比 2005 年降低 40%~45%，而发展可再生能源被视为最有效的实现上述目标的途径之一。

我国的新能源行业发展经历了从爆发式增长到跌入低谷再到缓慢复苏的过程。“十一五”期间，在政府政策和资金的双重支持下，我国新能源项目的建设速度实现了翻倍的增长，到 2009 年我国已发展成为对新能源投资最多的国家。然而，盲目的扩张引发了产能过剩的现象，而国家电网建设的滞后、国际贸易冲突摩擦增加、国家货币政策趋紧等多方面因素的共同作用导致从 2010 年起，新能源行业整体的盈利水平大幅下滑，新能源行业就此进入低谷期，也进入到一个全行业的冷静期。随着我国政府积极地出台各项有利于新能源行业发展的产业政策及行业标准，整个新能源行业在逐渐地向规范化演进。2013 年起，我国新能源行业开始表现出缓慢复苏的态势。尽管在现阶段我国电力需求增速出现了一定程度的放缓，但从长远来看，发展新能源行业最终要实现的是提升新能源的使用在能源消耗总量中所占的比例。2015 年，我国光伏、风电、核电三类主要新能源新增装机容量在全球占比分别达到 27.35%、44.23%以及 40.9%（如图 3-1 所示），我国在新能源领域年新增装机容量位于全球首位，而且在未来表现出极大的发展潜力。由此可见，我国新能源产业仍然具有广阔的发展空间，仍是我国未来能源领域投资开发的热点。

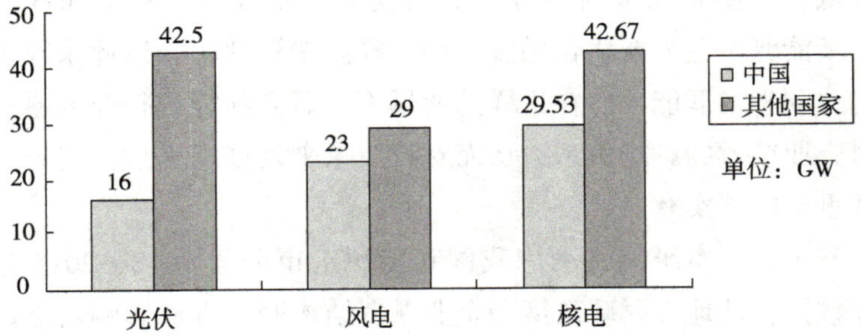

图 3-1　2015 年中国各主要新能源种类新增装机容量情况

新能源产业发展的关键在于核心技术研发以及科研成果转化，而研发工作的推进背后需要有大量的政策和资金支持。然而，这样一个兼具技术密集和资本密集特性的产业却面临着诸多问题，例如地区间发展不平衡、资金链紧绷、融资渠道匮乏等。

在政策层面上，新能源产业的发展有助于各省、市在社会经济和环境方面实现可持续发展。地方政府政策的引导及其产生的激励作用对于新能源产业的发展具有非常重要的作用。因此，如何构建高效的地方新能源产业政策扶持体系一直是地方政府关注的热点问题。我国新能源资源分布广阔，但在新能源企业发展上却表现出严重的地域差异。究其根源，地方财政政策在推动新能源产业发展过程中表现出来的系统性和针对性及其激励效果是不容忽视的重要因素。

在资金层面上，我国新能源企业主要的融资渠道是股权融资和债券融资。融资结构作为企业发展的基石，其对企业绩效以及金融资源利用效率会产生重大影响。由于新能源产业发展过程中的资金缺乏带来的技术研发条件不足，企业若在选择融资方式上发生错误，将会进一步增加企业的资本成本，最终导致企业整体收益水平的降低，这将对我国新能源产业的发展产生极为不利的影响。因此，新能源企业需要优化融资结构、提高融资效率，以此来改善企业的盈利和发展能力。在这样的背景下，研究新能源行业的融资结构对企业绩效的影响关系，从而对行业未来发展提出理论指导具有非常重要的现实意义。

基于此，本研究将利用我国新能源上市公司 2013—2015 年的财务数据，从地方财政政策和企业融资结构两个方面影响新能源企业绩效的因素进行分析和检验，以期对地方政府调整和完善财政扶持政策、新能源企业合理安排融资结构提供一定参考。

二、文献综述

（一）支持绿色发展的财政政策研究

Brown 和 Ball①、Magee②、King③ 等学者的研究发现，企业绩效不仅受到其所处行业的发展状况、公司自身发展水平等因素的影

① Brown, P. and Ball R. , Some preliminary findings on the association between the earnings of a firm, its industry, and the economy [J] . Journal of Accounting Research, Empirical Research in Accounting: Selected Studies, 1967 (5): 55-77.

② Magee R. P. Industry-wide commonalities in Earnings [J] . Journal of Accounting Research, 1974 (2): 270-287.

③ King B. F. Market and industry factors in stock behavior [J] . Journal of Business, 1996 (1): 139-160.

响，还受到宏观经济政策的影响。在微观层面上，学者们对于企业在获得财政补贴之后的绩效变化进行了大量研究。邹彩芬等学者①发现税收优惠政策与农业上市公司产出之间的影响关系并不显著。唐清泉等学者②的研究发现，从补贴效果来看，政府补贴对于提高上市公司的经济效益并没有显著的作用，但在政府补贴和上市公司的社会效应之间却发现了正相关的关系。余明桂等学者③通过研究民营企业财政发现，地方政府和民营企业之间的关系直接影响着企业获得财政补贴的多少，进而间接影响企业在经营效益和社会贡献方面的表现，具体而言，与地方政府有政治联系的民营企业能够获得更多的财政补贴，但企业所带来的经营效益和社会贡献低；反之亦然。

具体到支持新能源产业发展的财政政策研究方面，学者们从价格和成本方面对激励措施展开研究。刘助仁④对欧美等成熟市场支持新能源产业发展的激励政策进行研究后发现，欧盟各国为缓解或消除新能源产品在成本及价格上存在的劣势推行了大量积极的财政政策，其中有 11 个国家对新能源发电的定价制定了优惠制度，9 个国家对新能源发电企业的投资生产予以一定补贴并推行税收减免政策，4 个国家实行新能源发电配额比例制度用以确保新能源发电可以投放市场；美国政府也采取了类似的财政激励措施，主要包括降

① 邹彩芬，许家林，王雅鹏．政府财税补贴政策对农业上市公司绩效影响实证研究分析［J］．产业经济研究，2006（3）：53-59.

② 唐清泉，罗党论．政府补贴动机及其效果的实证研究——来自中国上市公司的经验证据［J］．金融研究，2007（6）：149-163.

③ 余明桂，回雅甫，潘红波．政治联系、寻租与地方政府财政补贴有效性［J］．经济研究，2010（3）：65-77.

④ 刘助仁．国外发展可再生能源的经验及其启示［J］．求索，2007（8）：21-23.

低税负、提供生产补贴等等。瞿国华[①]在对德国支持新能源产业发展的财税政策研究中也有类似的发现：德国的财税政策更为细致，对新能源产业的各个环节均采取了相应的财政补贴来促进产业发展。在对我国新能源产业发展的财税政策激励作用的研究中，周清[②]指出我国现行财税优惠政策并没有配合可再生能源产业的发展需求而做出相应的调整，因此不论从直接还是间接的角度，对于新能源产业的激励作用不明显。李靖[③]指出现行的新能源财税政策的很多税收优惠都只停留在表面没有落实，尚未形成健全的政策体系，对于新能源产业在资金投入等方面存在的特殊性缺乏考虑。朱敏[④]也强调了政府的重要作用，他指出，政府作为发展新能源产业的主导角色，应该充分地发挥作用以促进新能源产业的发展。具体而言，为提高新能源产业的市场竞争力，政府应该通过一系列具有针对性的财政和税收政策来为新能源产业的发展争取更大的市场空间，扩大国内的市场需求，从市场和政策的角度为新能源产业创造良好的发展环境。

（二）融资结构与企业绩效

企业的融资理论最早起源于西方，其中最具代表性的是现代融资理论学派学者 Modigliani 和 Miller[⑤] 于 1958 年提出的 MM 理论。该理论认为在完美有效的市场中，企业的融资方式不会影响其市场

---

① 瞿国华．发达国家新能源政策的调整及其启示［J］．中外能源，2010（1）：29-33.

② 周清．促进新能源产业发展的财税制度安排［J］．税务研究，2011（5）：25-29.

③ 李靖．推动我国新能源发展的财税政策研究［J］．财政研究，2011（6）：17-20.

④ 朱敏．扩大新能源国内市场已成为当务之急［N］．中国经济时报，2012-9-5.

⑤ Modigliani，Franco and Merton H. Miller. The cost of capital，corporation finance，and the theory of investment［J］. American Economic Review，1958，48（3）：266-268.

价值。尽管 MM 理论由于有效市场假设的条件在实际市场运行中并不存在而受到理论界的广泛质疑，但它为后人关于融资结构问题的研究奠定了基础。为了回应质疑，Modigliani 和 Miller① 于 1963 年重新对 MM 理论做出修正和改进，在原有模型基础上加入了对企业所得税的考量，并得出企业的最优融资结构是 100% 的负债结论，但修正后的理论忽略了破产风险的存在。基于此，Bradley、Jarrell 和 Kim② 提出了权衡理论，认为企业在进行融资结构选择时应该综合考虑税收和破产成本两个因素，公司的资本结构在负债的边际税收利益与边际破产成本现值相等时达到最优。随着现代资本结构理论的发展，学者们突破了原有的注重税收和破产成本的研究范式，相继提出了一系列新的资本结构理论。以 Jensen 和 Meckling③ 为代表的代理成本理论认为最佳的企业所有权结构是股权代理成本和负债代理成本平衡的结果，负债融资相较于股权融资更能够降低代理成本，但股东价值随着负债代理成本的升高会有所降低，而两种融资方式的边际代理成本相等时企业实现最优的资本结构。Ross④ 首次将不对称信息理论的研究方法引入企业融资结构分析中提出了信号传递理论，该理论认为资本结构是理想的信号传递工具，不同质量的企业倾向于不同的融资模式，企业价值与负债比率表现出正相

---

① Modigliani, Franco and Merton H. Miller. Corporate income taxes and the cost of capital: a correction [J] . American Economic Review, 1963, 53 (3): 433-443.

② Bradley M. , Jarrell G. A. , et al. On the existence of an optimal capital structure: theory and evidence [J] . The Journal of Finance, 1984, 39 (3): 857-878.

③ Jensen M. C. , Meckling W. H. Theory of the firm: Managerial behavior, agency costs and ownership structure [J] . Journal of Financial Economics, 1976, 3 (4): 305-360.

④ Ross, S. The Determination of Financial Structure: the Incentive-signalling Approach [J] . Bell Journal of Economics, 1977, 8 (1): 23-40.

关关系。此外，Townsend① 提出的优序融资理论、Harris 和 Raviv②、Aghion 和 Bolton③ 的控制权理论均对学者们关于融资结构的后续研究产生深远影响。

在上述理论的基础上，近年来，学者们对融资结构与企业绩效和公司价值的关系、企业的融资结构决策、融资结构的影响因素等问题展开具体研究。Majundar 和 Chhibber④ 等学者从公司治理的角度出发，研究发现转轨经济下的资本结构变动和公司绩效呈负相关关系。Frank 和 Goya⑤ 通过对美国非金融企业 50 年间的相关变量进行分析，发现企业财务杠杆比率与企业绩效之间存在正相关关系。Erol⑥ 以发展中国家为对象，就公司债务对产出价值的影响关系进行分析，结果发现短期债务能够促使产出价值增加，而长期债务则相反，而且短期债务对价值能够产生周期性影响。Chang、Alice 和 Cheng⑦ 通过构建结构方程模型对资本结构选择的影响因素进行研

① Townsend R. M. Optimal contracts and competitivemarkets with costly state verification [J]. Journal of Economic Theory, 1979, 21 (2): 265-293.

② Harris M. J., Raviv A. The design of securities [J]. Journal of Financial Economics, 1989, 24 (2): 255-287.

③ Aghion P., Bolton P. An Incomplete Contracts Approach to Financial Contracting [J]. Review of Economic Studies, 1992, 59 (3): 473-494.

④ Majundar S. K., Chhibber P. Capital structure and performance: Evidence from a transition economy on an aspect of corporate governance [J]. Public Choice, 1999, 98 (3-4): 287-305.

⑤ Frank Z., Goya V. Testing the pecking order theory of capital structure [J]. Journal of Financial Economics, 2006 (2): 217-224.

⑥ Turan Erol. Capital structure and output pricing in a developing country [J]. Economics Letters, 78 (1), 2003: 109-115.

⑦ Chingfu Chang, Alice C. Lee, Cheng F. Lee. Determinants of capital structure choice: Astructural equation modeling approach [J]. The Quarterly Review of Economics and Finance, 49 (2), 2009: 197-213.

究，结果表明成长性是对资本结构最重要的影响因素，其次分别是盈利性、担保价值以及资产价格波动性。Park 和 Jang① 对资本结构、自由现金流和公司绩效的内在联系进行研究，发现债务杠杆能够有效降低自由现金流并提升公司绩效。在融资结构影响融资效率的研究中，Wessels 和 Titman② 对影响融资结构的因素进行了研究，通过因子分析方法筛选出影响企业融资结构的公因子并进行回归分析，最终发现盈利能力越高的企业债务比率越低。Burcart、Gromb 和 Panunazi③ 以世界 500 强企业为研究对象，对企业的所有权结构与市场价值的影响关系进行研究，结果发现企业的股权结构如果过于集中会对融资效率造成负面影响。Furfine④ 通过设计一个结构化动态模型对企业在一段时间内的贷款组合进行研究，认为能够通过调整融资结构的成本和发行股票的成本来实现利润最大化的目标。Danis、Rettl 和 Whited⑤ 重新审视负债与盈利能力的负相关关系，结果发现在企业处于或接近最优债务比例时，企业负债与盈利能力能够表现出正向关系。

近年来，我国学者也针对上市企业或者某一行业进行了一系列

① Kwangmin Park, Soo Cheong Jang. Capital structure, free cash flow, diversification and firm performance: Aholistic analysis [J] . International Journal of Hospitality Management, 2013, 33, 51-63.

② Wessels R. , Titman S. The determinants of capital structure choice [J] . The Journal of Finance, 1988, 43 (1): 1-9.

③ Burcart M. , Gromb D. et al. Large shareholders, monitoring and the value of firm [J] . The Quarterly Journal of economics, 1997 (8): 127-156.

④ Furfine C. Evidence on the response of US banks to changes in capital requirement [R] . BIS Working Paper. 2000. No. 88.

⑤ Andras Danis. Daniel A. Rettl, Toni M. Whited Refinancing, profitability, and capital structure [J] . Journal of Financial Economics, 2014 (3): 424-443.

融资结构及企业绩效的研究。肖作平、吴世农[①]对 117 家深市上市企业 1996 至 1998 三年间的数据进行研究，探究影响企业融资结构的关键因素，研究发现国有股比重、资产担保价值、企业规模及财务困境成本与负债水平正相关，而企业内部人持股、成长性、非负债税盾与负债水平负相关。皮毅[②]对托宾 Q 值与融资结构进行回归分析，发现资本结构与绩效负相关，并且发现在某些情况下，增加负债可以抑制代理问题的出现，进而提高公司绩效。陈标、孙晓光[③]以江苏为例对融资结构与融资效率问题进行实证分析，认为直接融资与间接融资不是简单的替代关系，直接融资在一定程度上促进了短期信贷的发展，其对促进江苏经济增长的效果更为显著。张兴军、罗晓磊、王妍婷、李钟帅[④]以 31 个省市的年度数据为样本，实证分析了各地区融资结构和融资效率的差异，结果显示产业结构、融资结构以及国有企业投资占比对各地区融资效率有显著影响。

在新能源产业领域，我国也有学者针对融资问题进行了相关研究。史丹、夏晓华[⑤]总结了我国当前新能源产业的四种融资方式，并对其存在的问题和影响进行了分析，在对发达国家新能源产业的融资方式进行分析和比对的基础上，针对如何优化我国新能源产业

---

① 肖作平，吴世农．我国上市公司资本结构影响因素实证研究［J］．证券市场导报，2002（8）：39-44.

② 皮毅．公司治理、资本结构与公司价值的实证研究［J］．当代经济科学，2004（5）：65-70.

③ 陈标，孙小光．融资结构与融资效率实证分析——以江苏为例［J］．金融纵横，2007（13）：24-28.

④ 张兴军，罗晓磊，王妍婷，李钟帅．我国各地区社会融资结构及融资效率差异化问题研究［J］．区域金融研究，2015（12）：77-84.

⑤ 史丹，夏晓华．新能源产业融资问题研究［J］．经济研究参考，2013（7）：23-43.

的融资方式提出了若干建议。薛楠、刘舜[①]对我国新能源产业融资模式与现状进行了梳理，并在此基础上分析出我国新能源产业投融资存在着投资风险大、融资渠道单一、中小企业间接融资难、融资环境有待改善等问题。徐丹丹、刘超、张舒婷[②]通过结构方程模型实证分析银行信贷、政府支持和企业自身等影响北京新能源产业融资的因素，得出银行贷款是新能源企业非常重要的资金来源，企业现有的融资情况在很大程度上影响了企业后续融资模式的选择等结论。

纵观国内外现有研究，目前国外对于企业融资理论的研究和运用已经较为成熟，但国内外关于融资结构影响企业绩效的研究还比较少，仅有的一些研究在企业绩效的度量方面指标选取较为单一，不够全面。而具体到新能源产业的融资问题，我国的研究多以定性分析为主，对融资模式和融资渠道进行系统梳理，但对于指标间存在的关系仍然有待进一步研究。

三、绿色发展的地方财政支持政策

根据对各国政府新能源产业的财政政策进行梳理可以发现，在新能源领域，各国政府都提供了大量的政府补贴。中国政府也通过各种政策的组合对新能源产业的发展给予大力支持，各项政策中主要以财政政策为主，这其中既有中央政府的各类政策激励，也有各地方政府结合地方实际推出的不同形式的补贴政策。

新能源财政政策主要以政府补贴和税收政策为主，其中政府补

① 薛楠，刘舜．新能源战略性新兴产业投融资问题探讨［J］．中国流通经济，2013（6）：116-120.

② 徐丹丹，刘超，张舒婷．基于结构方程的北京市新能源产业融资支持研究［J］．北京社会科学，2014（11）：87-95.

贴主要包括专项贷款和贴息贷款、设备补贴和项目补贴三种政策工具。而在税收的层面上，现有的税收政策在新能源财政政策中所起到的作用具有一定的局限性，其政策内涵和特征不能完全体现出政府对发展新能源的战略性思想。现有的税收优惠方式主要为税收豁免，而且对新能源产业并未提供大幅度的税收优惠，真正能享受税收优惠的企业数量较少。因此，当前国家涉及新能源的财政政策主要以政府补贴为主。其中，项目补贴主要是对太阳能光伏发电、风力发电以及生物质能发电产业中的发电项目、发电项目上网电价以及接网费用进行补贴；设备补贴主要是对上述各新能源产业中的发电系统建设投资进行补贴；贷款贴息主要是对相关新能源企业银行贷款规定贴息率和贴息年限。

以光伏产业的政策为例，2013 年被称为是“光伏政策元年”。2013 年，由美国光伏企业发起的对中国光伏产业实施了近两年时间的“反倾销、反补贴”申诉终于平息。这对于中国光伏产业造成了不小的冲击，但唯一值得庆幸的是，也正是因为这起风波，我国的光伏产业在 2013 年的发展受到了政府更多的关注和重视。“双反事件”给光伏产业和中国政府都敲响了警钟，中国的光伏制造业要想得到更大、更为持续的发展就必须启动更大规模的国内市场。在国家发改委明确了电价补贴之后，2013 年开始，中国各省市地区也根据中央精神相继出台了本地区的光伏产业补贴政策。对各省的政策进行梳理可以发现，各省对于光伏产业的政策扶持表现出了不同的支持方式与力度，表 3-1 列举了一些具有代表性的省份的政策扶持情况。

表 3-1 代表性省份光伏政策汇总

省份	政策补贴概况	政策创新概况
江苏省	2012—2015 年期间新投产的非国家财政补贴光伏发电项目实行地面、屋顶、建筑一体化，并规定了各年上网电价标准；除省级补贴政策外，苏州市和无锡市也规定了更为具体的补贴政策	无锡市对采用合同能源管理模式实施光伏电站项目进行一次性项目奖励；苏州市给予项目应用单位或个人 0.1 元/千瓦时的补贴
浙江省	光伏发电项目所发电量实行按照电量补贴的政策，补贴标准在国家规定的基础上，本省再额外提供补贴 0.1 元/千瓦时；此外，省内下辖的数十个市、区、县都结合当地情况制定了非常详细的补贴政策，政策数量达到 43 个	政策根据地区情况进行优化调整，覆盖光伏科技创新、光伏制造、光伏应用推广各个环节，例如，鼓励屋顶资源出租，对面向新农村改造、城市社区和个人客户的光伏发电系统安装公司予以补助，在绿色产业集聚区开展屋顶光伏发电集中连片开发试点等等
广东省	目前只有广州和佛山有补贴政策，但发展分布式的配套政策落实情况非常好	对提供屋顶资源的业主进行一次性奖励

除对地方补贴政策进行梳理之外，我们还对目前新能源领域上市企业进行了区域统计。以同花顺（www.10jqka.com）选取的新能源概念股为参照标准，截至 2016 年 8 月 17 日，沪深 A 股上市新能源企业共计 127 家，通过对各公司主营业务、经营情况以及近年来在新能源领域的发展战略进行综合分析后，首先剔除了明显不属于新能源行业的企业。另外，为了能够更好地刻画新能源企业融资结构特性以及对企业绩效的影响，样本进一步对截至各公司 2015 年年报发布之日涉足新能源领域时间不足 4 年的企业予以剔除，最终纳入统计的企业共计 95 家。我们以企业注册地位标准对这 95 家

企业的地域划分情况进行统计，结果如图 3-2 所示。

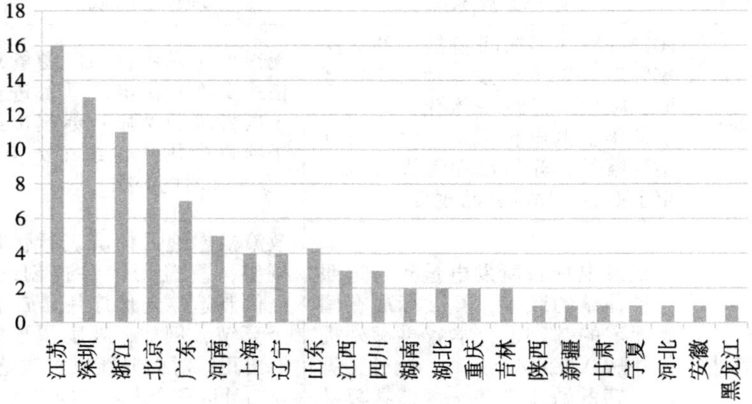

图 3-2　我国新能源上市公司地域分布情况

根据图 3-2 的统计，江苏省新能源上市公司数量最多，且主要是从事光伏行业的企业，此外，浙江、广东、山东等省份的新能源上市公司也主要以光伏产业为主。江苏省是全国能源消费大省，其光伏企业数量位列全国第一，产业链完备程度最高、光伏发电累计装机容量最大。值得一提的是，江苏省光照资源属于三类资源区（如图 3-3 所示），但这并没有影响江苏省发展成为光伏产业大省，这除了与省内企业用电量大、规模以上企业数量多有关外，与江苏省突出的光伏促进、补贴和优惠政策不无关系。浙江省分布式光伏装机量也是遥遥领先，尽管太阳能资源是除了四川盆地外最差的地方，只有 1200—1300kW · h/m^2，但浙江省的光伏补贴力度最大，曾一度被视为全国各地推广分布式光伏的范本。由此可见，地方政府不同力度的政策扶持和不同的扶持方式都对各省在新能源产业发展水平上的差异产生了一定的影响。

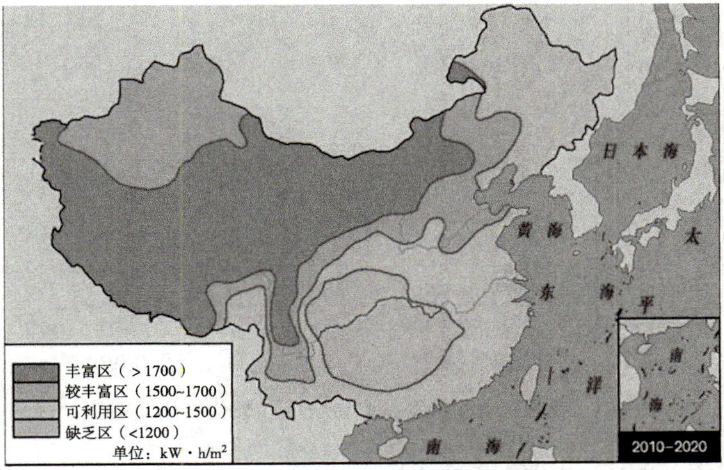

图 3-3　我国太阳能年辐射总量分布

基于此，本研究将在对地方政府新能源产业的财政支持政策进行梳理的基础上，对地方财政政策与新能源企业绩效的影响关系进行定量研究。

四、绿色发展融资现状

相较于传统能源产业而言，新能源产业最突出的特点是对资本和技术的要求极高，具有高投入、高风险、高回报的特征。其中，太阳能光伏行业、风电行业在开发新能源项目时对资金投入有着非常高的要求。除靠自有资金进行内源性融资之外，目前我国新能源产业的融资方式主要有银行贷款、发行股票、发行公司债券、风险投资等等。

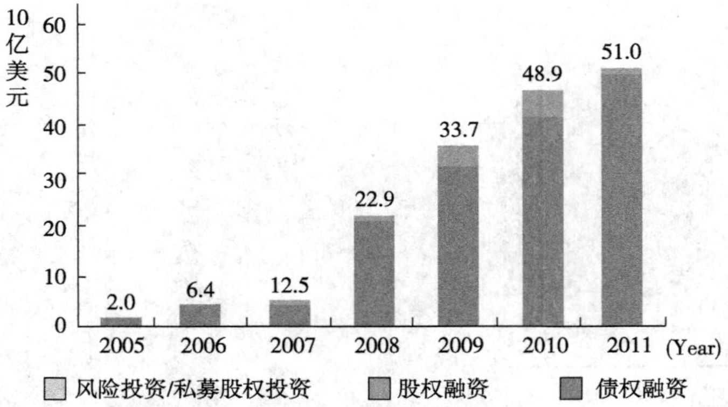

图 3-4　我国可再生能源投融资情况（单位：10 亿美元）

随着可再生能源产业的快速发展，中国的可再生能源投资在近年来持续增长。图 3-4 显示了 2005 年之后中国可再生资源的投融资情况。中国的可再生资源投资在十一五期间保持稳步增长，总投资达到 1244 亿美元，年均 249 亿美元。在 2011 年，可再生能源行业投资达到 510 亿美元。同时，从融资的渠道来看，风险投资和私募投资在 2008 年之后快速增长，股权融资在 2009 年和 2010 年出现快速增长，而且债权无论从融资规模和份额上都始终保持快速增长。在 2011 年间，债权融资占到了总投资规模的 97.5%，股权融资占 2%，风险资本和私募占 0.5%。

从图 3-5 可以看到，如果从可再生能源投资的资本流动角度考虑的话，风能和光伏是可再生能源投资的主要投向领域。在 2014 年的可再生能源投资中，风能和光伏共计占到 87.6%，其中风能 61.56%，光伏投资 26.1%。另外，债权融资是风能和光伏投资的重要方式，分别占到 89.8%和 85.7%。

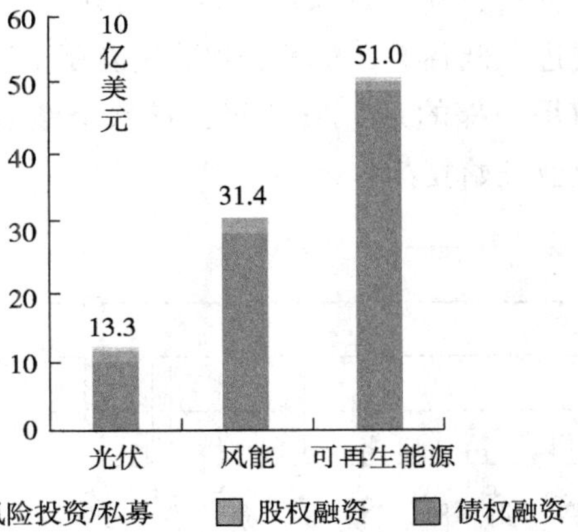

图 3-5　2014 年我国主要新能源种类的融资结构

（一）银行贷款

为推动和支持新能源企业的快速发展，作为政策性银行的国家开发银行责无旁贷。据统计，目前我国的光伏电站和分布式光伏发电项目中由国家开发银行提供了近 60%的贷款。国家开发银行对于新能源产业的相关企业贷款给予了较大力度的利息优惠，甚至还为特殊企业提供无息贷款，此外，还根据企业的实际情况对信贷周期予以适当延长，在贷款的审批上实行新能源企业优先等信贷支持政策，这些优惠政策的推行极大地缓解了企业的融资困境，成为助推我国新能源企业发展的重要力量。

根据《国家开发银行 2014 年社会责任报告》，截至 2013 年 8 月底，风电贷款余额为 1545. 6 亿元，光伏为 410. 5 亿元，其他新能源发电的贷款余额为 226. 5 亿元。国家开发银行在 2007—2015 年间用于环保及节能减排相关产业的贷款额如图 3-6 所示。可以看出，2007 年到 2011 年，我国新能源产业在飞速发展的同时也获得了银行的资金支持，新增贷款数量逐年上升。在 2011 年之后，新能源产业发展进入低谷期，新增贷款数量有所下降，贷款余额总量增长放缓。值得一提的是，2015 年，贷款余额数量出现了大幅增长，新能源产业开始复苏。

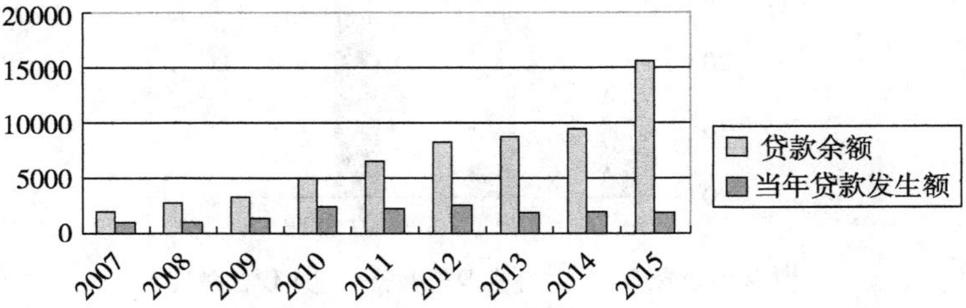

图 3-6　2007—2015 年国家开发银行环保及节能减排贷款

除国开行外，国家政策要求国有商业银行也有向新能源产业提供贷款支持的义务。但是，新能源产业的项目由于对技术研发的要求较高，对于资金需求巨大，且从投入到回报的投资周期较长，技术发展的方向也不明确，因此从理论上讲，新能源产业的项目并不符合商业银行追求安全性、流动性、盈利性的投资原则。基于此，商业银行普遍对新能源行业执行的是审慎或限制的授信政策，授信对象主要是一些大型国有企业，例如大型发电集团的新能源项目，尤其是大型风力发电项目、太阳能项目等。在授信总量和授信金额上，商业银行也进行了较为谨慎的把控，上浮部分新能源项目的贷款利率，并对担保提出了较为苛刻的要求。在 2009 年新能源产业的发展速度明显放缓以后，风电、光伏等领域都出现了较为严重的产能过剩现象，因此各商业银行对相关领域的制造企业进一步实行了紧缩性的信贷政策，新能源项目的债权融资前景并不乐观。

（二）资本市场融资

资本市场主要由股票市场和债券市场两部分构成。新能源企业的前期资金占用较大，而通过资本市场特别是股票市场进行筹资能有效解决新能源企业的这一问题。但我国股票市场对于企业的上市准入标准要求较为严格，企业筹谋上市的周期较长、流程复杂，这无形之中都为新能源企业通过上市获得融资制造了一些政策性障碍。因此，新能源企业上市并非易事。据统计，目前在涉足新能源领域的企业中，大约有120余家在上海和深圳证券交易所挂牌上市，而且其中超过半数的企业都是通过重组的方式借壳上市，很多企业在上市之初所从事的领域与新能源企业毫无关系，而是近年来通过兼并、收购、重组等方式转战新能源领域。受此影响，许多国内的新能源企业纷纷出海谋求资金出路，将登陆国际资本市场视为获得融资的另一个重要渠道。如今，很多的新能源企业特别是光伏企业，例如英利绿色、江西赛维、无锡尚德、天合光能等等已经实现了在纽约证券交易所上市交易，以此来获得资金融通。

资本市场中的另外一个重要组成是债券市场，企业通过发行企业债券的方式同样也可以获得融资。但是我国的债券市场发展程度始终不高，出于风险控制的考虑，监管部门对于企业债券的发行在信用评级、财务审计、合法合规性等方面都制定了严格的监管制度，这使得我国企业债券市场始终处于品种单一的状态，发展规模极其有限。因此，与股票融资相比，虽然债券融资的资金成本明显低于前者，但迫于我国债券市场的发展现状，这一优势在新能源企业的融资过程中难以发挥。

除了股票和债券融资，近年来风险投资也成为新能源企业获取资金的重要渠道。风险资本重点关注创新型技术型的企业，投资于企业的早期阶段，对于投资回报有着较高的要求。由此可以看出，新能源产业的特点与风险资本潜在的投资对象吻合度较高。目前，我国风险资本在生物质能、太阳能和风能等新能源领域均有一定投资，用以支持新创企业的技术研发及产业化发展。近年来，对于新能源行业的 VC/PE 投资规模如图 3-7 所示。

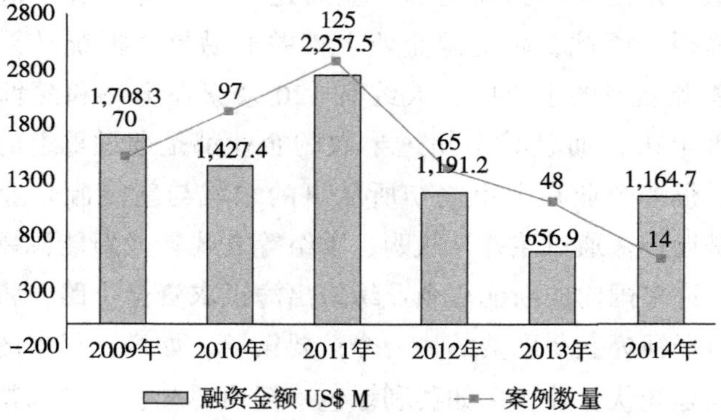

图 3-7　2009—2014 年我国新能源行业 VC/PE 融资情况

（图片来源：www. ChinaVenture. com. cn）

在对我国融资结构现状进行定性分析的基础上，下文将从定量的角度出发，对我国新能源上市企业的融资结构进行分析，并进一步对融资结构与企业绩效的影响关系进行检验。

五、研究设计与描述性统计

（一）样本选取与数据来源

本研究以新能源领域上市公司为研究对象，以同花顺（www. 10jqka. com）选取的新能源概念股为参照标准。截至 2016 年 8 月

17 日，沪深 A 股上市新能源企业共计 127 家，通过对各公司主营业务、经营情况以及近年来在新能源领域的发展战略进行综合分析后，首先剔除了明显不属于新能源行业的企业。另外，为了能够更好地刻画新能源企业融资结构特性以及对企业绩效的影响，样本进一步对截至各公司 2015 年年报发布之日涉足新能源领域时间不足 4 年的企业予以剔除，最终纳入统计的企业共计 95 家。通过查阅每家新能源上市公司披露的 2013—2015 年年报，选取其中与本研究相关的 23 个年度数值（政府补贴强度、政府政策创新、净资产收益率、净利润增长率、净利润、总股本、利润总额、营业总成本、每股收益、资产总额、负债总额、长期借款、应付债券、短期借款、一年内到期非流动负债、前十大股东比例、盈余公积、未分配利润、总资本、资本公积、总资产规模、是否为风能企业、是否为太阳能企业）作为本研究地方政府财政政策、企业融资结构与企业绩效变量的基础数据来源。在此基础上，根据各变量的定义，计算出最终所需要的 14 个变量样本值用于实证检验。该样本涵盖了目前 A 股市场所有新能源上市公司，保证了研究的完整性及结果的有效性。

（二）变量选取

1. 被解释变量

企业融资绩效衡量的是企业能否以某种融资方式获得最高收益成本比率的能力。如前文所述，现有的研究在企业绩效度量方面的指标选取较为单一，这使得对于企业绩效的描述缺乏完整性和代表性。因此，本研究从盈利能力和成长性、经营效率等多个维度选择了 5 个财务指标来衡量企业的绩效：净资产收益率、净利润增长率、股本报酬率、成本费用利润率以及每股收益。

表 3–2 企业绩效评价指标

维度	指标	含义
盈利能力	净资产收益率	企业税后利润/净资产，该指标反映了企业自有资金获取收益的能力，更能体现出企业管理层的经营管理水平
	每股收益	净利润/期末普通股股数，综合反映企业获利能力，较为恰当的说明收益的增长或减少
	股本报酬率	公司税后利润与其股本的比率，表明公司股本总额中平均每百元股本所获得的纯利润
成长能力	净利润增长率	代表企业当期净利润比上期净利润的增长幅度，是衡量一个企业经营效益的重要指标
经营效率	成本费用利润率	企业一定期间的利润总额与成本、费用总额的比率，该指标体现了经营耗费所带来的经营成果

采用因子分析法，将上述变量降维后构建绩效模型，最终计算得到新能源上市公司的绩效变量。

2. 解释变量

（1）地方财政政策维度。新能源产业作为资金和技术密集型产业，对于技术创新、研发水平等方面的投入直接影响着其发展绩效。政府如能对新能源企业予以一定的资金补贴，无论对于企业短期内的经济效应还是长期的可持续发展都能够带来积极的影响，进而推动新能源产业的发展。

（2）企业融资结构维度。新能源企业的融资渠道主要分为内源融资和外源融资两大类，其中外源融资又包括债权融资和股权融资。因此，融资结构将通过企业的留存收益、债务结构和股权结构情况来进行描述。

表 3-3　企业融资结构变量选取说明

维度	变量类别	变量名称	变量含义	计算方法
地方财政政策	地方政府补贴	补贴强度	衡量地方政府对新能源企业的扶持力度	利润表中营业外收入明细科目"政府补助"中的本期补助/主营业务收入
	地方政府政策创新	政策创新	衡量地方政府是否有意识推动新能源企业在技术研发、商业模式等方面进行创新	地方政府在除电价补贴之外对新能源企业在技术、模式等方面的创新有奖励政策=1，否则为0
企业融资结构	留存收益	收益留存率	衡量企业内部融资总体情况	（盈余公积+未分配利润）/资产总额
	债务结构	资产负债率	衡量负债水平对于企业运营效果的影响	负债总额/资产总额
		长期有息负债率	衡量负债期限结构带来的影响	（长期借款+应付债券）/资产总额
		短期有息负债率		（短期借款+一年期非流动负债）/资产总额
		债权融资率	衡量企业债务融资总体情况	长期有息负债率+短期有息负债率
	股权结构	第一大股东持股比例	衡量企业的股权集中度	通过年报查找
		股权融资率	衡量企业股权融资总体情况	（股东权益合计+资本公积）/资产总额

3. 控制变量

除融资结构外，能够影响企业绩效的因素有很多，因此，为保证模型的解释力，有必要对其他可能的影响因素进行控制。

（1）由于企业存在规模效应，当规模扩张时单位成本下降，企业的盈利空间增加，因此企业规模与企业绩效应表现出正相关关系，本研究选取用以衡量企业规模的总资产作为控制变量。

（2）根据国家能源局发布的可再生能源数据手册的统计，在我国的新能源行业中，太阳能和风能的发展速度要远快于核能、生物质能等，这两类企业的绩效可能会更高，故对以风能和太阳能为主营业务的企业予以控制。

（三）描述性统计

对各解释变量描述性统计结果如表 3-4 所示。

表 3-4　融资结构变量描述性统计分析

	年份	极小值	极大值	均值	标准差
补贴强度	2013	0	0. 4287	0. 0345	0. 1458
	2014	0	0. 4043	0. 0307	0. 1422
	2015	0	0. 4011	0. 0298	0. 1453
政策创新	2013	0	1	0. 1353	0. 1745
	2014	0	1	0. 1353	0. 1799
	2015	0	1	0. 1447	0. 1884
资产负债率	2013	0. 0004	0. 9717	0. 4875	0. 2104
	2014	0. 0004	0. 9717	0. 4905	0. 2195
	2015	0. 0004	0. 9719	0. 4953	0. 2147

续表

	年份	极小值	极大值	均值	标准差
长期有息负债率	2013	0	0.7289	0.1172	0.1346
	2014	0	0.7289	0.1177	0.1349
	2015	0	0.7289	0.1198	0.1335
短期有息负债率	2013	0	0.3912	0.1603	0.1032
	2014	0	0.3912	0.1888	0.1035
	2015	0	0.3977	0.1972	0.1074
债权融资率	2013	0	0.6652	0.3671	0.2097
	2014	0	0.7431	0.3775	0.1918
	2015	0	0.7563	0.3788	0.1974
第一大股东	2013	0.0034	0.8608	0.4187	0.1921
	2014	0.0034	0.8608	0.4182	0.1922
	2015	0.0034	0.8608	0.4053	0.1915
股权融资率	2013	0.0008	0.9473	0.7407	0.3466
	2014	0.0008	0.9473	0.7417	0.3466
	2015	0.0008	0.9473	0.7495	0.3573
收益留存率	2013	-0.4118	0.5282	0.1203	0.2574
	2014	-0.4729	0.5352	0.1198	0.2689
	2015	-0.2753	0.5388	0.1252	0.2597

从上表可以看出，在政府财政政策方面，尽管新能源产业自2010年以来经历了从严冬到缓慢复苏的过程，但政府在政策上依然用补贴驱动新能源产业逆市前行，2012年至2015年期间，在光伏发电并网、补贴、金融等方面继续提供强力支持。在地方政府政

策创新方面，从2013年至2015年，分别有13.53%、13.53%和14.47%的新能源上市企业所属地区政府提供了更为具体的政策支持企业在技术、模式等方面的创新发展。

新能源企业从2013年到2015年的资产负债率的均值分别为48.75%、49.05%、49.53%，其中资产负债率最高值达到了97.17%，债务融资达到一个相当高的比例，而且呈现出逐年缓慢增长的趋势。近年来，由于产能过剩，弃风弃光率居高不下，我国新能源行业在快速发展的背后存在着诸多问题，弃风限电和弃光限电使得新能源企业面临着尴尬的两难局面，企业发展利润空间有限。同时，新能源企业的发展对于资金的需求量仍然较大，债务融资依然是最为重要的资金来源渠道。

具体在债务融资结构方面，新能源企业三年的长期有息负债比率的均值分别为11.72%、11.77%以及11.98%；短期有息负债比率的均值分别为16.03%、18.88%、19.72%。这说明在新能源企业的债务融资结构中短期借款的比例要明显高于长期借款，是我国新能源企业的主要债务融资方式。而综合考虑长期借款、短期借款和发行债券的企业债权融资率在这三年的均值分别为36.71%、37.75%和37.88%。目前，新能源企业的财务成本高企，在行业转折时期企业的融资方式主要依靠债务融资，而且这一融资类型的比重仍然处于增长趋势，特别是在统计中，部分企业的债务融资率超过了70%，融资杠杆过高，企业偿债风险较大。如果这一局面持续下去而企业的盈利能力长期得不到改善，那么企业可能存在着破产或进入兼并重组流程的风险。

在股权结构方面，2013—2015年三年间，新能源上市公司第一大股东持股比例的均值分别为41.87%、41.82%、40.53%，从总体上看持股比例略有下降，其中个别企业的持股比例最高达到

86.08%。第一大股东在企业股权构成中的占比普遍超过了1/3，这反映出新能源上市企业的股权集中度较高，第一大股东对决策起到主导作用。

对于新能源上市企业而言，通过发行股票获得融资自然是企业最主要的融资渠道，融资比例在近三年中始终保持在74%左右的水平。然而，对于新能源行业中更多的非上市企业而言，由于上市周期长、审查严格、流程复杂，使得企业要想通过上市来获得融资的难度非常大。

收益留存率反映的是企业依靠自有资金进行经营的能力。在2013—2015年的数据中，企业的收益留存率均值分别为12.03%、11.98%、12.52%。新能源企业的资金投入往往较大，行业的特点决定了企业在经营过程中会出现较多的应收账款，资金回流的速度较慢，资金运转周期较长，因此这类企业难以依靠自有资金来维持经营运作。

根据对我国新能源上市企业的融资情况进行的统计可以发现，从资金成本的角度来看，我国新能源企业的融资杠杆普遍较高，而从资金回收的角度来看，行业发展进入到瓶颈期，企业的盈利水平有限，这进一步导致许多新能源企业的财务风险偏高，企业依然没有走出融资难的困境。针对现有的融资结构，本研究将进一步对融资结构影响企业绩效的关系进行实证分析。

六、实证分析

（一）因子分析

1. 因子分析方法介绍

因子分析是多元统计分析中的一个重要分支。当有多个指标存在时，可以利用因子分析的方法提取出具有共性的变量，将一系列指标中彼此相关性较大的指标进行归类，最终实现用少数几个因子去描述多个指标和因素之间联系的目的，归类后的每一类变量就称之为一个因子。因子分析可以有效解决变量维度过多的问题，能够用数量较少的几个代表性因子替代原始数据中的绝大部分信息，在提高分析精度、降低参与分析的变量个数的同时，最大程度地保证了信息的完整性。

为了对企业绩效有更全面客观的考量，本研究选取了净资产收益率、净利润增长率、股本报酬率、成本费用利润率和每股收益五个指标来描述企业绩效，因此在进行分析之前有必要首先明确能够代表企业绩效的关键指标。基于此，本研究运用因子分析法，针对杉杉股份、南玻 A、先导智能、宝新能源等 95 家企业 5 类企业绩效指标，计算各企业 2013—2015 年的企业绩效综合得分。

2. 2013 年各企业绩效综合评价

（1）KMO 和 Bartlett 球度检验。KMO 和 Bartlett 球度检验结果如表 3-5 所示，在 KMO 和 Bartlett 球度检验中，KMO 的值为 0. 573，Bartlett 球度检验值为 111. 814，相应的显著性概率 P 值为 0. 000，即在显著性 $\alpha = 0.05$ 的水平条件下，拒绝 Bartlett 球度检验零假设，因此，各个企业绩效指标的选取适合作因子分析。

表 3-5　KMO 和 Bartlett 球度检验

Kaiser-Meyer-Olkin Measure of Sampling Adequacy.		0. 573
Bartlett's Test of Sphericity	Approx. Chi-Square	111. 814
	df	10
	Sig.	0. 000

（2）公共因子的特征根及方差贡献率。本研究提取三个公共因子进行分析，三个公共因子的特征根及方差贡献率结果如表 3-6 所示，说明三个主因子可以代表原始指标对各企业绩效进行因子分析。

表 3-6　总方差分解表

Component	Initial Eigenvalues			Extraction Sums of Squared Loadings			Rotation Sums of Squared Loadings		
	Total	% of Variance	Cumulative %	Total	% of Variance	Cumulative %	Total	% of Variance	Cumulative %
1	2. 130	42. 607	42. 607	2. 130	42. 607	42. 607	2. 100	42. 005	42. 005
2	0. 999	19. 975	62. 582	0. 999	19. 975	62. 582	1. 002	20. 041	62. 047
3	0. 974	19. 480	82. 061	0. 974	19. 480	82. 061	1. 001	20. 015	82. 061
4	0. 691	13. 825	95. 886						
5	0. 206	4. 114	100. 000						

（3）旋转因子载荷矩阵。对因子载荷矩阵实施正交旋转以降低因子的综合性，旋转后的因子载荷矩阵如表 3-7 所示，由旋转因子载荷矩阵可知，主因子 1 主要反映了净资产收益率、成本费用利润率和每股收益三个变量；主因子 2 主要反映了股本报酬率一个变量；主因子 3 主要反映了净利润增长率一个变量。即三个主因子涵盖了五个企业绩效指标的内容。

表 3-7 旋转后的因子载荷矩阵

	Component		
	1	2	3
净资产收益率	0.704	0.020	0.060
净利润增长率	0.042	2.782E-5	0.998
股本报酬率	0.056	0.998	3.356E-5
成本费用利润率	0.859	0.029	-0.011
每股收益	0.928	0.065	0.026

(4) 因子得分系数矩阵及企业绩效综合评价。

表 3-8 因子得分系数矩阵

	Component		
	1	2	3
净资产收益率	0.336	-0.032	0.027
净利润增长率	-0.027	0.002	1.000
股本报酬率	-0.048	1.004	0.002
成本费用利润率	0.414	-0.035	-0.052
每股收益	0.443	-0.004	-0.018

由表 3-8 可知 95 家企业在三个公因子的得分情况，根据因子得分系数矩阵，得到三个因子 F1、F2、F3 的得分函数：

$$F_1 = 0.336X_1 - 0.027X_2 - 0.048X_3 + 0.414X_4 + 0.443X_5$$

$$F_2 = -0.032X_1 + 0.002X_2 + 1.004X_3 - 0.035X_4 - 0.004X_5$$

$$F_3 = 0.027X_1 + 1.000X_2 + 0.002X_3 - 0.052X_4 - 0.018X_5$$

进一步运用因子分析加权平均的方法对 95 家企业的企业绩效

进行综合评价，由总方差分解表可得综合得分函数：

$$F=42.005\%F_1+20.041\%F_2+20.015\%F_3$$

由综合得分函数可得各企业2013年企业绩效综合得分，计算如表3-9所示。

表3-9　2013年各企业绩效综合得分

企业	F	企业	F	企业	F	企业	F
杉杉股份	0.02127	天富能源	0.04148	银星能源	-0.98599	爱康科技	-0.08706
南玻A	0.43036	横店东磁	0.1969	东方日升	-0.08329	易成新能	-0.05684
先导智能	0.39707	东材科技	-0.08742	苏州固锝	-0.10908	向日葵	-0.12713
京运通	-0.0689	国电南自	-0.17632	珠海港	-0.09241	上海电力	0.18337
天顺风能	0.13981	奥克股份	1.03436	七星电子	0.10687	长江电力	0.71388
宝新能源	0.42734	拓日新能	-0.1602	中天能源	-0.07052	哈高科	-0.04896
精功科技	-0.62043	湖北能源	0.05802	置信电气	0.12134	裕兴股份	0.06861
赣锋锂业	0.12572	国投电力	0.33854	欣旺达	-0.01764	吉鑫科技	-0.16471
方大集团	-0.05194	中材科技	-0.05005	保变电气	-2.7091	华锐风电	-1.16652
泰胜风能	-0.02558	中国宝安	0.02799	赣能股份	0.3335	国电电力	0.15795
新宙邦	0.31629	华能国际	0.27086	比亚迪	-0.02893	圣阳股份	-0.11783
豫金刚石	0.07296	甘肃电投	0.2371	成飞集成	-0.00187	大唐发电	0.00137
盾安环境	-0.05664	万里股份	-0.39374	亿晶光电	0.66009	明星电力	0.17287
华伍股份	0.24298	协鑫集成	-1.60138	阳光电源	0.14143	京能电力	0.32159
科力远	-0.13595	金山股份	0.19031	晶盛机电	0.1668	华电国际	0.18088
科陆电子	-0.03643	恒星科技	-0.14475	亚玛顿	0.03957	中利科技	-0.01399
梅雁吉祥	-0.14963	北方国际	0.23207	湘电股份	-0.13928	大港股份	-0.0788
亿纬锂能	0.35034	迪森股份	0.0963	凯迪生态	-0.12753	华仪电气	-0.12955

续表

企业	F	企业	F	企业	F	企业	F
东山精密	-0.14308	大金重工	-0.0402	深圳能源	0.20404	华泰股份	1.60643
沃尔核材	-0.04401	科士达	0.17931	当升科技	-0.16198	海润光伏	-1.4438
佛塑科技	-0.11987	中天科技	0.20128	林洋能源	0.46527	长安汽车	0.44814
隆基股份	-0.08184	天龙光电	-0.80203	深圳惠程	-0.0967	多氟多	-0.16572
南都电源	-0.05145	申能股份	0.18222	新能泰山	-0.14708	宇通客车	0.51817
韶能股份	0.02656	吉电股份	1.04709	南洋科技	-0.08252		

3. 2014 年各企业绩效综合评价

（1）KMO 和 Bartlett 球度检验。KMO 和 Bartlett 球度检验结果如表 3-10 所示，在 KMO 和 Bartlett 球度检验中，KMO 的值为 0.553，Bartlett 球度检验值为 349.600，相应的显著性概率 P 值为 0.000，即在显著性 $\alpha=0.05$ 的水平条件下，拒绝 Bartlett 球度检验零假设，因此，各个企业绩效指标的选取适合作因子分析。

表 3-10　KMO 和 Bartlett 球度检验

Kaiser-Meyer-Olkin Measure of Sampling Adequacy.		.553
Bartlett's Test of Sphericity	Approx. Chi-Square	349.600
	df	10
	Sig.	.000

（2）公共因子的特征根及方差贡献率。三个公共因子的特征根及方差贡献率结果如表 3-11 所示，三个公共因子的累计方差贡献率达到 82.975%，这说明三个主因子可以代表原始指标对各企业绩效进行因子分析。

表 3-11　总方差分解表

Component	Initial Eigenvalues			Extraction Sums of Squared Loadings			Rotation Sums of Squared Loadings		
	Total	% of Variance	Cumulative %	Total	% of Variance	Cumulative %	Total	% of Variance	Cumulative %
1	2. 201	44. 012	44. 012	2. 201	44. 012	44. 012	2. 124	42. 487	42. 487
2	0. 995	19. 903	63. 915	0. 995	19. 903	63. 915	1. 014	20. 284	62. 772
3	0. 953	19. 060	82. 975	0. 953	19. 060	82. 975	1. 010	20. 203	82. 975
4	0. 839	16. 775	99. 750						
5	0. 013	0. 250	100. 000						

（3）旋转因子载荷矩阵。在表 3-12 的旋转因子载荷矩阵中，主因子 1 主要反映了净利润增长率、股本报酬率和每股收益三个变量；主因子 2 主要反映了成本费用利润率一个变量；主因子 3 主要反映了净资产收益率一个变量。即三个主因子涵盖了五个企业绩效指标的内容。

表 3-12　旋转后的因子载荷矩阵

	Component		
	1	2	3
净资产收益率	0. 066	0. 029	0. 983
净利润增长率	0. 505	-0. 312	0. 200
股本报酬率	0. 964	0. 135	0. 015
成本费用利润率	0. 109	0. 936	0. 048
每股收益	0. 962	0. 143	0. 023

（4）因子得分系数矩阵及企业绩效综合评价。

表 3-13　因子得分系数矩阵

	Component		
	1	2	3
净资产收益率	-0.068	0.027	0.987
净利润增长率	0.260	-0.365	0.150
股本报酬率	0.458	0.038	-0.080
成本费用利润率	-0.047	0.933	0.042
每股收益	0.455	0.046	-0.072

由表 3-13 可知 95 家企业三个公因子的得分情况，根据因子得分系数矩阵，得到三个因子 F1、F2、F3 的得分函数：

$$F_1=-0.068X_1+0.260X_2+0.458X_3-0.047X_4+0.455X_5$$

$$F_2=0.027X_1-0.365X_2+0.038X_3+0.933X_4+0.046X_5$$

$$F_3=0.987X_1+0.150X_2-0.080X_3+0.042X_4-0.072X_5$$

进一步运用因子分析加权平均的方法对 95 家企业的绩效进行综合评价，由总方差分解表可得综合得分函数：

$$F=42.487\%F_1+20.284\%F_2+20.203\%F_3$$

由综合得分函数可得各企业 2014 年企业绩效综合得分，计算如表 3-14 所示。

表 3-14　2014 年各企业绩效综合得分

企业	F	企业	F	企业	F	企业	F
杉杉股份	0.51652	天富能源	0.05202	银星能源	-0.32067	爱康科技	-0.35156
南玻 A	0.10007	横店东磁	0.60854	东方日升	-0.25335	易成新能	-0.28187

续表

企业	F	企业	F	企业	F	企业	F
先导智能	1.04102	东材科技	-0.04806	苏州固锝	-0.29561	向日葵	-0.32759
京运通	-0.20688	国电南自	-1.63296	珠海港	-0.35633	上海电力	0.32196
天顺风能	0.09818	奥克股份	1.4796	七星电子	-0.24054	长江电力	0.51474
宝新能源	0.34743	拓日新能	-0.40642	中天能源	-0.13961	哈高科	-0.33912
精功科技	-0.32632	湖北能源	-0.09857	置信电气	-0.01916	裕兴股份	0.11943
赣锋锂业	-0.09499	国投电力	0.61469	欣旺达	0.35207	吉鑫科技	-0.23231
方大集团	-0.20273	中材科技	0.03464	保变电气	0.05963	华锐风电	-0.3527
泰胜风能	-0.03837	中国宝安	-0.11965	赣能股份	0.33198	国电电力	0.05156
新宙邦	0.46299	华能国际	0.50225	比亚迪	-0.19358	圣阳股份	-0.18667
豫金刚石	-0.24577	甘肃电投	-0.067	成飞集成	-0.327	大唐发电	-0.31153
盾安环境	-0.21207	万里股份	-0.35312	亿晶光电	0.03087	明星电力	-0.04933
华伍股份	-0.14778	协鑫集成	0.33369	阳光电源	0.12501	京能电力	0.28893
科力远	-0.55935	金山股份	0.12524	晶盛机电	-0.15523	华电国际	2.18347
科陆电子	-0.0098	恒星科技	-0.27039	亚玛顿	-0.13171	中利科技	0.16971
梅雁吉祥	-0.45339	北方国际	0.45045	湘电股份	-0.27414	大港股份	-0.20627
亿纬锂能	-0.12164	迪森股份	-0.13068	凯迪生态	-0.06225	华仪电气	-0.17158
东山精密	-0.29759	大金重工	-0.21096	深圳能源	0.46708	华泰股份	-0.27839
沃尔核材	-0.06458	科士达	0.19133	当升科技	-0.57865	海润光伏	-1.28201
佛塑科技	-0.27115	中天科技	0.45595	林洋能源	0.85206	长安汽车	1.39956
隆基股份	0.23391	天龙光电	-0.19456	深圳惠程	-0.58743	多氟多	-0.36094
南都电源	-0.18196	申能股份	0.13037	新能泰山	-0.22442	宇通客车	1.4805
韶能股份	-0.09045	吉电股份	-0.31592	南洋科技	-0.26279		

4. 2015 年各企业绩效综合评价

(1) KMO 和 Bartlett 球度检验。KMO 和 Bartlett 球度检验结果如表 3-15 所示，在 KMO 和 Bartlett 球度检验中，KMO 的值为 0.675，Bartlett 球度检验值为 353.623，相应的显著性概率 P 值为 0.000，即在显著性 $\alpha=0.05$ 的水平条件下，拒绝 Bartlett 球度检验零假设，因此，各个企业绩效指标的选取适合做因子分析。

表 3-15 KMO 和 Bartlett 球度检验

Kaiser-Meyer-Olkin Measure of Sampling Adequacy.		0.675
Bartlett's Test of Sphericity	Approx. Chi-Square	353.623
	df	10
	Sig.	0.000

(2) 公共因子的特征根及方差贡献率。三个公共因子的特征根及方差贡献率结果如表 3-16 所示，三个公共因子的累计方差累计贡献率达到 90.596%，说明三个主因子可以代表原始指标对各企业绩效进行因子分析。

表 3-16 总方差分解表

Component	Initial Eigenvalues			Extraction Sums of Squared Loadings			Rotation Sums of Squared Loadings		
	Total	% of Variance	Cumulative %	Total	% of Variance	Cumulative %	Total	% of Variance	Cumulative %
1	2.657	53.142	53.142	2.657	53.142	53.142	2.501	50.014	50.014
2	0.983	19.666	72.808	0.983	19.666	72.808	1.017	20.332	70.346
3	0.889	17.787	90.596	0.889	17.787	90.596	1.012	20.250	90.596
4	0.450	9.004	99.599						
5	0.020	0.401	100.000						

（3）旋转因子载荷矩阵。在表 3-17 的旋转后的因子载荷矩阵中，主因子 1 主要反映了股本报酬率、成本费用利润率、每股收益三个变量；主因子 2 主要反映了净资产收益率一个变量；主因子 3 主要反映了净利润增长率一个变量。即三个主因子涵盖了五个企业绩效指标的内容。

表 3-17　旋转后的因子载荷矩阵

	Component		
	1	2	3
净资产收益率	0.146	0.988	0.036
净利润增长率	0.077	0.035	0.992
股本报酬率	0.956	0.135	0.002
成本费用利润率	0.803	0.049	0.166
每股收益	0.956	0.138	0.001

（4）因子得分系数矩阵及企业绩效综合评价。

表 3-18　因子得分系数矩阵

	Component		
	1	2	3
净资产收益率	-0.124	1.027	-0.017
净利润增长率	-0.052	-0.019	0.992
股本报酬率	0.396	-0.035	-0.080
成本费用利润率	0.331	-0.105	0.101
每股收益	0.395	-0.032	-0.082

由表 3-18 可知 95 家企业在三个公因子的得分情况，根据因子得分系数矩阵，得到三个因子 F1、F2、F3 的得分函数：

$$F_1 = -0.124X_1 - 0.052X_2 + 0.396X_3 + 0.331X_4 + 0.395X_5$$

$$F_2 = 1.027X_1 - 0.019X_2 - 0.035X_3 - 0.105X_4 - 0.032X_5$$

$$F_3 = -0.017X_1 + 0.992X_2 - 0.080X_3 + 0.101X_4 - 0.082X_5$$

进一步运用因子分析加权平均的方法对 95 家企业的绩效进行综合评价，由总方差分解表可得综合得分函数：

$$F = 50.014\%F_1 + 20.332\%F_2 + 20.250\%F_3$$

由综合得分函数可得各企业 2015 年企业绩效综合得分，计算如表 3-19 所示。

表 3-19　2015 年各企业绩效综合得分

企业	F	企业	F	企业	F	企业	F
杉杉股份	0.97695	天富能源	-0.01139	银星能源	-0.63849	爱康科技	-0.28373
南玻 A	-0.04571	横店东磁	0.30873	东方日升	0.13573	易成新能	-0.3354
先导智能	0.98394	东材科技	-0.23169	苏州固锝	-0.29628	向日葵	1.28458
京运通	-0.1271	国电南自	-0.25753	珠海港	-0.18696	上海电力	0.24851
天顺风能	0.08156	奥克股份	-1.98837	七星电子	-0.1809	长江电力	0.85719
宝新能源	0.1318	拓日新能	-0.19045	中天能源	0.21514	哈高科	-0.23892
精功科技	-0.29161	湖北能源	0.08482	置信电气	-0.01256	裕兴股份	0.21942
赣锋锂业	-0.00037	国投电力	0.57644	欣旺达	0.11774	吉鑫科技	-0.17134
方大集团	-0.19252	中材科技	0.28234	保变电气	-0.249	华锐风电	-2.18183
泰胜风能	-0.04563	中国宝安	0.06988	赣能股份	0.59232	国电电力	-0.03512
新宙邦	0.30442	华能国际	0.49879	比亚迪	0.58653	圣阳股份	-0.19741
豫金刚石	-0.08124	甘肃电投	-0.28407	成飞集成	-0.12724	大唐发电	-0.15806

续表

企业	F	企业	F	企业	F	企业	F
盾安环境	-0.25485	万里股份	-0.5652	亿晶光电	0.00826	明星电力	-0.08216
华伍股份	-0.11927	协鑫集成	0.00919	阳光电源	0.23667	京能电力	0.35149
科力远	-0.27626	金山股份	-0.1182	晶盛机电	-0.07869	华电国际	0.43133
科陆电子	0.04388	恒星科技	-0.27372	亚玛顿	-0.04095	中利科技	0.24399
梅雁吉祥	-0.28485	北方国际	0.31467	湘电股份	-0.26216	大港股份	-0.40828
亿纬锂能	0.05262	迪森股份	-0.17637	凯迪生态	0.13064	华仪电气	-0.23913
东山精密	-0.30125	大金重工	-0.09533	深圳能源	0.17218	华泰股份	-0.29024
沃尔核材	0.74349	科士达	0.38811	当升科技	-0.25013	海润光伏	-0.29637
佛塑科技	-0.2306	中天科技	0.43158	林洋能源	0.74955	长安汽车	2.16426
隆基股份	0.57805	天龙光电	-2.36659	深圳惠程	0.12593	多氟多	-0.10653
南都电源	-0.03201	申能股份	0.0907	新能泰山	-0.212	宇通客车	0.96059
韶能股份	-0.03634	吉电股份	-0.24144	南洋科技	-0.10417		

（二）模型构建和描述性统计分析

通过选取杉杉股份、南玻 A、先导智能等 95 家企业绩效综合得分（Y）的面板数据，通过建立两个面板回归模型，分别从融资结构层面和地方政府政策层面分析资产负债率（X1）、长期有息负债率（X2）、短期有息负债率（X3）、第一大股东持股比例（X4）、收益留存率（X5）、债权融资率（X6）、股权融资率（X7）、总资产规模（X8）、是否使用风能（X9）和是否使用太阳能（X10）、补贴强度（X11）、政策创新（X12）对企业绩效的影响。采用 Eviews8.0 统计分析软件，构建如下面板回归模型进行分析：

$$Y_{i,t}=\alpha+\beta 1X1_{i,t}+\beta 2X2_{i,t}+\beta 3X3_{i,t}+\beta 4X4_{i,t}+\beta 5X5_{i,t}+\beta 6X6_{i,t}+\beta 7X7_{i,t}+\beta 8X8_{i,t}+\beta 9X9_{i,t}+\beta 10X10_{i,t}+\varepsilon_{i,t} \quad (1)$$

$$Y_{i,t}=\gamma+\beta 11X11_{i,t}+\beta 12X12_{i,t}+\beta 13X8_{i,t}+\beta 14X9_{i,t}+\beta 15X10_{i,t}+\varepsilon_{i,t} \quad (2)$$

模型（1）和模型（2）将分别对新能源上市企业融资结构与企业绩效、地方政府政策与企业绩效之间的关系进行检验。

（三）回归分析结果

1. 企业融资结构与企业绩效

在对企业融资结构与企业绩效关系的研究中，我们首先对模型（1）进行 Hausman 检验，检验结果如表 3-20 所示。

表 3-20　模型（1）Hausman 检验结果

Test Summary	Chi-Sq. Statistic	Chi-Sq. d. f.	Prob.
Cross-section random	21. 794025	8	0. 0053

检验结果表明可以使用个体固定效应回归模型进行回归分析，结果如表 3-21 所示。

表 3-21　个体固定效应回归模型（1）

Dependent Variable：Y Method：Pooled Least Squares Sample：20132015 Total pool（balanced）observations：285				
Variable	Coefficient	Std. Error	t-Statistic	Prob.
资产负债率	−0. 126878	0. 050366	−2. 519150	0. 0123
长期有息负债率	1. 012256	0. 898761	1. 126280	0. 2610

续表

短期有息负债率	1.030281	0.876757	1.175105	0.2410
第一大股东持股	0.400053	0.161173	2.482132	0.0137
收益留存率	0.000136	0.001205	0.112480	0.9105
债权融资率	-1.030970	0.947726	-1.087836	0.2776
股权融资率	0.126604	0.045186	2.801832	0.0054
总资产规模	0.116756	0.026919	4.337270	0.0000
风能	-0.270511	0.079806	-3.389611	0.0008
太阳能	-0.070565	0.061666	-1.144311	0.2535
C	-1.682053	0.363412	-4.628506	0.0000
R-squared	0.149533	Mean dependent var		1.05E-07
Adjusted R-squared	0.112012	S.D. dependent var		0.530920
F-statistic	3.985347	Durbin-Watson stat		1.464563
Prob（F-statistic）	0.000011			

由表3-21的结果可以看到模型拟合效果较好。

从自变量T假设检验结果来看，资产负债率（X1）与企业绩效综合得分（Y）呈现出显著的负相关关系，资产负债率对企业绩效综合得分具有显著的抑制影响作用；第一大股东持股比例（X4）与企业绩效综合得分（Y）呈现出显著的正相关关系，即第一大股东持股比例对企业绩效具有显著的正向影响作用；股权融资率（X7）与企业绩效综合得分（Y）呈现出显著的正相关关系，股权融资率对企业绩效具有显著的正向影响作用；总资产规模（X8）与企业绩效综合得分（Y）呈现出显著的正相关关系，说明企业规模越大，企业绩效越高，企业规模对企业绩效具有显著的促进作用；是否使用风能（X9）与企业绩效综合得分（Y）呈现出显著的负相关关系，即使用风能对企业绩效具有显著的抑制作用。

长期有息负债率（X2）、短期有息负债率（X3）、收益留存率（X5）、债权融资率（X6）和是否使用太阳能（X10）没有通过T假设检验，即这些因素对企业绩效没有显著影响。

2. 地方政府政策与企业绩效

在对地方政府政策与企业绩效关系的研究中，我们也同样采用固定效应回归模型进行分析。

表 3-22　个体固定效应回归模型（2）

Dependent Variable：Y Method：Pooled Least Squares Sample：20132015 Total pool（balanced）observations：285				
Variable	Coefficient	Std. Error	t-Statistic	Prob.
补贴强度	0. 092406	0. 346948	0. 266341	0. 7906
政策创新	0. 156571	0. 048704	3. 214716	0. 0108
总资产规模	0. 151694	0. 058228	2. 605151	0. 0018
风能	−0. 371445	0. 025513	2. 303518	0. 0000
太阳能	−0. 077948	0. 095009	0. 820422	0. 4143
C	−3. 936133	0. 461566	−1. 212552	0. 2287
R-squared	0. 653158	Mean dependent var		1. 915385
Adjusted R-squared	0. 621627	S. D. dependent var		0. 524160
S. E. of regression	0. 322421	Akaike info criterion		0. 714722
Sum squared resid	1. 143510	Schwarz criterion		0. 801638
Log likelihood	−2. 645696	F-statistic		7. 714717
Durbin-Watson stat	1. 464563	Prob（F-statistic）		0. 000282
Hausman Test（P）	0. 0013			

由表 3-22 的检验结果说明模型拟合效果较好。

从自变量 T 假设检验结果来看，政策创新（X11）与企业绩效综合得分（Y）呈现出显著的正相关关系，政策创新对企业绩效综合得分具有显著的促进作用。但是，检验结果并没有发现政府补贴（X12）与企业绩效之间的相关关系，即政府补贴强度对企业绩效并没有显著影响。

七、结论与建议

（一）研究结论

根据上述实证结果，对我国新能源产业地方政府政策、上市公司融资结构与企业绩效的关系归纳如下：

1. 地方政府政策对融资绩效的影响

通过对新能源上市企业所属地域进行划分可以发现，我国新能源上市企业具有较为明显的地域特征，即主要分布在东部经济发达省份。这些省份的省内企业用电量大、规模以上企业数量多，与此同时，我们对各省政府对新能源产业的扶持政策进行梳理，发现东部地区省份的扶持政策在针对性和创新性上都更为突出。在实证检验中，结果证实了地方政府的政策创新对于新能源上市企业绩效具有积极影响，而政府补贴强度对于新能源上市企业绩效的影响关系并不显著。2013 年以来，几乎各省份都响应国家号召出台了相应的补贴政策来扶持新能源企业的发展，除个别区县的补贴力度较为突出外，绝大多数的省市区的补贴强度差距不大。从整个产业的发展现状和趋势来看，随着产业发展的日趋成熟，国家对新能源企业的补贴会逐渐减少直至取消补贴政策。依赖政府补贴谋取生存并不是一个可持续性的发展之路。补贴在行业发展之处的使命在于推动技术进步、促进产业规模的增加以实现规模效应、形成市场竞争倒逼成本下降至与火力发电持平的程度，最终实现在无补贴的情况下平价上网。因此，依靠更具有针对性和创新性的政策扶持来鼓励新能源企业向技术创新、模式创新的方向发展是未来发展新能源产业的必然选择。

2. 新能源上市公司融资结构特征

通过对新能源上市企业融资结构变量的描述性统计可以发现，在新能源产业处于调整阶段的当下，其融资结构与企业绩效之间表现出了一些符合该时期特点的关系。为实现整个行业的可持续发展，可以考虑在此基础上对融资结构进行调整。根据统计，目前新能源企业的资产负债率普遍较高，并且这种趋势还在逐年增加，资产负债率的持续增长无疑会引发财务风险，导致企业的财务成本进一步增加，在扣除借贷利息后原本已经微薄的利润更是所剩无几。资产负债率的提高影响到企业的资金使用效率，进而形成恶性循环，影响企业的绩效和偿债能力，这会给企业自身和整个资本市场都带来不利影响。因此，适当降低企业的资产负债率将对提高企业的融资效率具有积极影响，有利于企业生产经营的正常运转。此外，新能源企业在发展之初表现出来的是粗放型的发展方式，这导致目前新能源产业出现了较为严重的产能过剩现象，“弃风”“弃光”现象也较为严重。未来新能源企业将会展开从粗放型发展向精细化发展的战略性转变，而这一过程中的技术研发投入、新产品开发以及产业链的整合等都对资金有着更高程度的需求，而目前绝大多数企业的负债结构中均以短期负债为主。因此，为了满足未来发展中对资金的需求，新能源企业有必要对长短期负债比例进行调整，适当调高企业长期负债的比例。

3. 债务融资对企业绩效的影响

在债务结构与企业绩效的关系方面，2013 年至 2014 年间，我国新能源上市公司的资产负债率与企业绩效在 5%的显著性水平下呈显著的负相关关系，即企业的资产负债率越高，相应的企业绩效则越低。对于企业而言，过高的负债融资比例会增加企业的财务成本。特别是在行业盈利水平普遍不高甚至濒临亏损时，企业的盈利空间更加难以保障。因此，当企业处于低谷时期时，企业更应该转换融资思路，探索多样化的融资模式以弥补新能源企业资金不足的困境。研究结果并没有发现长期和短期的债权融资对企业绩效的影响。短期负债的金额通常相对较小，期限短于一年。绝大多数的新能源制造型企业都采用的是分期支付货款的方式，短期负债的使用能在不影响企业绩效的前提下更好地帮助企业资金的衔接和支配。然而值得注意的是，新能源企业未来的战略转型涉及产业链的整合，原有的单一型制造企业要想持续生存就必须考虑对产业链的上下游进行整合，这一过程中将涉及新产品、新技术的开发，除此之外还要建设新的生产基地。这些均对资金提出了更高的需求，很显然短期借款并不能满足企业的转型需求。新能源企业需要重新配置负债结构以适应新的发展需要。

4. 股权融资对企业绩效的影响

在股权结构与企业绩效的关系方面，2013 年至 2015 年，第一大股东持股比例与企业的绩效表现出显著的正相关关系，这与一些学者的研究存在一定出入：俞元武①在其研究中发现，2009—2011 年三年中，新能源上市公司的第一大股东持股比例与企业绩效呈负

① 俞元武．中国新能源企业资本结构对绩效影响的实证研究：以 A 股上市公司为例［D］．杭州：浙江大学，2013.

相关关系；崔建霞[①]对 2007—2009 年的数据进行研究也发现二者之间的负相关关系，其中，这种负相关性的产生主要由国有第一大股东造成的。研究结果的差异说明了新能源产业在不同时期表现出了不同的行业特征。2007—2011 年恰逢新能源行业的快速增长时期，这个阶段的新能源企业中国有股处于绝对地位，行业的发展主要依赖国有资本，市场受国家政策的影响较大，但国有股的历史背景决定了其效率较低，难以给企业绩效带来积极影响。而当新能源产业在 2011 年之后陷入低谷时期后，企业股权集中度的提高其实更有利于企业决策效率的提高，当管理层与企业成为了利益共同体时，更有利于企业形成自上而下的凝聚力，解决企业在经营过程中所遇到的问题。

根据研究得出的新能源企业第一大股东股权集中度与企业的绩效呈正相关的关系可以预见，股权集中度的提高将提升激励机制的效果，敦促管理者抓住市场机会、提升企业竞争力进而增加企业的盈利水平。

此外，研究结果还发现了股权融资率与企业绩效之间的正相关关系，这说明通过发行股票的方式获取资金对于企业的资金使用效率、经营绩效具有较为积极的影响效应。股权融资模式意味着公司治理结构随着股权分配而发生的相应的变化，而治理结构与最终的企业绩效之间存在着必然的联系。以往依靠盲目扩张、打价格战的竞争方式已经无法满足新能源行业新的发展需求。行业整体盈利不足、融资难等问题仍然亟待解决，在成熟的竞争市场面前，政府的保护伞渐渐收起，仅靠政府的资金扶持已经远远不能满足新能源企

① 崔建霞．新能源上市公司资本结构与公司绩效关系实证研究［D］．北京：中国石油大学，2011.

业的发展需求，在未来的市场竞争中，唯有优质的产品、专业的技术服务和具有竞争力的商业模式才能帮助新能源企业在市场中脱颖而出。因此，若能通过上市的方式构建和提升管理团队的执行和决策能力，从而优化企业的治理结构对于企业未来的发展至关重要。

（二）政策含义

在地方政府政策层面上，地方政府对环保产业的意义从单纯的保障职能逐渐扩大到稳定经济、扩大就业、精准扶贫等。地方政府在环保产业发展中主要的工作重点在于通过鼓励环保产业的技术创新来培育环保产业市场和提高市场成熟度，最终达到促进环保产业整体发展的目的。因此，地方政府应该从技术创新、市场培育、资源利用等方面来推动环保产业进入更为成熟的阶段。为实现产业的可持续发展，地方政府必须从制定科技创新的激励政策、为产业发展提供全面的公共服务等方面完善科技管理制度，这样才能从根源上解决环保产业在发展过程中存在的创新能力不足的问题。具体而言，地方政府要创新促进环保产业发展的财政支持方式。要首先考虑结合环保产业的发展规律对财政支持的方式进行创新性设计。环保产业在不同发展阶段表现出不同的特点，要根据其特殊性并结合地方需求及实际情况在配套政策的支持上做到多样化，提高政策的灵活性进而实现财政政策效应的最大化。目前，我国环保产业已经度过了依靠政府直接补助的初期阶段，进入到技术升级和产业化发展的新阶段。在这一阶段，政府的角色应该从扶持转变为引导，通过投资引导的方式引导社会各方资金向环保产业的流动。在技术成果的应用转化方面，通过制定事后奖励、消费者补助等激励政策来积极推动环保产业的深入发展。

在融资结构层面上，目前国内外新能源企业均面临着融资难题。新能源企业的投入成本较高，目前的盈利能力普遍较低，因此从银行获取贷款的难度较大，债务融资渠道不畅；而严格的审核制度使得通过公开市场发行上市来获取资金支持的难度更大。新能源企业的融资之路究竟在何方？拓宽新能源企业的融资渠道来解决整个行业在资金方面的需求是确保新能源产业能够顺利发展的先决条件。对此，政府、金融机构和新能源企业各方应该共同努力来建立一个多元化的融资体系，创新金融品种和工具来为企业发展提供资金支持。

从国外新能源企业的融资渠道来看，货币和资本市场依然是企业获取资金的最强大后盾，因此，进行银行类金融产品创新、完善资本市场体系依然是解决新能源企业融资困境的重要途径。根据实证研究的结果，我们对优化新能源企业融资结构提出如下具体政策建议：

1. 在债务融资结构方面

（1）完善银行产品体系。国家应对新能源产业的贷款政策有所倾斜，规定商业银行在设计贷前调查和风险评估体系时不能仅考虑传统的考核指标，应该将新能源资源利用效率等指标纳入评估体系。同时，商业银行应该对融资模式进行创新，通过金融信托、筹资转贷、融资租赁、债务重组等创新性的品种和方式来充分吸纳社会闲散资金，更好地发挥连接资金供给方和需求方的桥梁作用。

（2）加强财务风险管理。企业使用财务杠杆是维持和扩大经营过程中最常用的方法，但是过高的财务杠杆有可能会导致企业偿债能力的丧失，当经营链条出现问题时极有可能令企业陷入破产清算的危险中。对于负债率普遍较高的新能源企业应合理控制企业的财务风险，建立和完善偿债制度，合理安排企业的债务结构，对于流动性资产的需求尽量使用所有者权益来满足，而固定资产的资金需求则依靠对外的长期负债来实现，控制短期负债的增长速度和规模，对于不同期限的负债进行统一管理。

（3）发展债券市场。我国债券市场发展水平相对滞后，这大大收窄了企业获取资金的渠道，因此，我国应大力发展企业债券市场。具体而言，国家应该制定相应的政策，对符合条件的新能源企业放行，引导和鼓励企业通过发行企业债券的方式解决资金问题。国家企业债券监管部门在核准新能源企业和项目的发债申请时可以适当给出一定的政策倾斜和适度宽松，扩大新能源企业债券的融资规模。

2. 在股权融资结构方面

（1）鼓励和支持新能源企业的资本运作。国家应优先支持符合要求的新能源企业通过上市获得融资。在申请上市的企业中优先支持新能源领域的相关企业，在对已有上市公司的扩股申请进行审批时也优先支持符合要求的新能源上市公司。此外，国家应该为优质的新能源企业创造条件，鼓励和支持优质企业通过资本运作等方式迅速扩大规模，以更好地引导社会资源向新能源领域的流动，以此促进新能源产业发展。

（2）推行股权激励机制。在新能源上市公司中推行员工持股计划，让企业的高层管理者持有公司一定比例的股份，以此将管理者的个人利益与企业利益结合起来，通过激励机制对企业管理者的行为进行有效的激励、监督与约束。此外，当企业的股权结构过于集中在少数人手中时，股权激励机制能够有效地对大股东和企业管理者之间的关系进行制衡，一方面能够抵制大股东可能的违法行为，同时避免委托代理机制中企业管理者道德风险的出现。

（3）加强市场监管。一个完善的上市公司监管体系决定了证券市场投资环境的质量。在我们的数据统计中，少数新能源概念企业的主营业务与新能源行业相去甚远，监管机构应该制定严格的标准对新能源上市公司进行界定。我国目前的上市公司发展水平参差不齐，甚至可以说是鱼龙混杂。对此，监管部门应该制定行业标准来对新能源板块进行规范治理，例如规定公司的主营业务中新能源业务营业收入所占比重应该达到一定比例时才能够真正被划定为新能源行业，才能进一步地享受国家的优惠补贴政策。构建更为公平透明的市场环境，推动资源的有效配置。

第四章　地方政府绿色发展动力机制现状分析

习近平总书记2016年3月10日在十二届全国人大四次会议来到青海代表团参加审议时曾经指出——要像保护眼睛一样保护生态环境，像对待生命一样对待生态环境。

改革开放之后，我国经济高速发展，人民生活水平也日益提高。年均GDP增长将近10%，高于世界经济的同期增长速度，已经发展成为世界第二大经济体。早在2009年，在汽车生产与消费量方面，中国居世界第一；2010年，中国的制造业规模跃居全球第一；2011年，在专利申请数方面，中国成为世界第一；到了2013年，中国以6.18亿的网民数量居世界首位；同时，我国居民年出境消费额约为1020亿美元，出境人数年均9000万人次，成为世界第一。

然而，我国经济发展一度伴随着环境污染和自然资源大量损耗。

一是资源约束问题。尽管我国耕地面积和煤炭探明储量均居世界第三位，但人均耕地面积和人均煤炭的占有量分别为世界平均水平的1/3和70%左右；草地总面积和森林总面积分列世界第二和第五位，而人均面积分别是世界平均水平的50%和15%；水资源总量和石油探明总储量分别是世界第六和第十六位，人均资源占有量分别为世界平均水平的25%左右和10%左右；若以国际水平总回收率及国际矿产价格的口径展开计算，我国多种资源潜在价值居世界前列，而人均水平不及世界平均水平的50%。在当前全国工业化以及城镇化进程步伐不断加速的情况下，生态与环境污染问题日益受到人们重视。曾经有学者的研究结果表明：如果理想状态下单位GDP的环境压力处于不变情况，则我国的实际环境压力在2020年约为2000年的3.4倍，在2030年约达到2000年的4.6倍还要多，到了2050年则约达到2000年的8.1倍，预计到2100年可能是2000年的18倍多，假若真如数据显示，大规模的环境灾难必然发生。因此，资源约束趋紧是我国未来面临的主要环境问题之一。

二是环境污染问题。在十一五期间，全社会环保意识处于日益提升的局面，环保投入和整治力度较大，即便如此，污染事故仍然频频发生，全国地表水曾经出现过水质中度污染的问题。国土面积中约有40%为水土流失的面积。至今，如何建设具有中国特色的生态文明社会，已经发展成为需要全国上下共同重视的主要课题，一个拥有世界人口五分之一的人口大国，如若想保证13亿人口的生存并谋求发展，必须保护好生态环境。

三是生态系统问题。我国国土总面积中约有63%为森林、湿地、荒漠三种类型的土地类型，目前已出现诸如生态承载力低、自然生态系统退化、生态布局失衡等现象。其中，最为严重的是森林分布的质量低、碎片化问题，其陆地生态系统的主体作用没有发挥出来。沙化土地面积过大，占国土总面积约18%，土地沙化问题已经是迫在眉睫需要解决的生态问题。湿地生态系统受到保护的比例还需提高，功能退化、面积下降的情况尚未完全杜绝。20世纪80年代以来，沙漠化发展迅速，以每年扩展2100平方公里的速度发展。到20世纪90年代，沙漠化则达到每年扩展2460平方公里；

而同时，生物种类日益减少，有15%到20%的动植物不断受到威胁，比世界10%到15%的水平高出五个百分点左右。

在生态环境不断恶化的情况下，我国生态文明建设的问题不是单纯的经济问题，应该从理论角度出发，寻找改变环境恶化现状的理论依据，在实践中探寻合理有效的做法，形成人与自然和谐发展现代化建设新格局，推进美丽中国建设。

一、生态环境管理体制方面

生态环境保护的公共性特征明显，凭借市场难以缓解生态环境恶化问题，无法实现资源优化配置。因此，政府应该合理制定相关生态政策以干预生产活动，结合经济活动的外部环境效应，保护环境并有效治理已污染的环境。

在当前政策保障渐趋完备的情况下，进一步加强对生态环境的治理与保护，应重点完善以下几方面工作：

（一）政府职能转变

政府职能转变的核心是生态职能的正确行使，而由于缺乏对生态环境问题严重性的认识，政府在生态建设以及相关的宏观经济政策的制定实施中，出现了价格体系扭曲等现象。在不同的政府组织内部不同程度地存在某些管理问题，有些问题的存在可能影响生态文明政策的执行力度。有时在政策制定的过程中如果不能科学分配和使用环境资源，就容易损害到相关的公共制度及政策。此类问题包含两类：一类是在部门之间的政策协调不够，缺少能够保证相关政策正常运行的监管制度和力量，没有强制措施保证目标的实现等；另一类是在环境管理过程中可能出现寻租行为。

在生态破坏日益严重的情况下，政府往往采取措施加快对生态问题的治理。当污染与被污染者以及相关利益群体之间产生矛盾，寻租行为就是污染者可能会采取的下一步行动。污染者为了保护自身利益，会不断扩充“院外活动”寻租行为，不断争取保持或者放宽政策规定的相关环境标准。有的寻租模式则是污染者在特殊情况下进行的，比如环保部门有时会执行排污收费，真正排污的人少，受污染的人多，如果其中有受污染的人通过上访等形式向环保部门反映问题，要求执行相关规定，就能够产生正外部性。剩余的受污染者往往存在搭便车想法，大多数人会放弃上诉的念头。如环保部门没有发现相关问题，则污染者发生寻租行为的可能性及成功率都会高很多，且可能通过相对较少的寻租成本（即行贿额度）博取较大的寻租后收益（如减免排污费等），很容易把由于污染带来的外部成本导向受污染者。

（二）政策的评估、调整与修正机制

虽然我国已经开始重视环保问题，并制定了不少的相关政策与法规，但有一些仅停留在指导方针层面，系统性政策保障措施的相关内容不多，审查程序也不完善。生态环境保护与治理的综合决策制度还需要更进一步的整合完善。

（三）绿色消费制度与绿色生产制度

可以借鉴国际上的成熟经验，尝试建立市场化绿色配额交易手段，使用制度和机制创新服务于资源环境可持续发展。消费配额制度与绿色生产制度能够提升资源利用率、鼓励可再生能源开发和提高终端能效。应该根据不同种类新能源的环境影响系数、可再生系数、技术成熟度以及投资成本，不断确定绿色证书的配比。在不断促进绿色生产的同时，推动绿色消费，将该两项指标和政府绩效合

理挂钩。我国建立绿色生产和消费的配额交易机制能够与能源电力的市场化放在一起实施，合理利用资本的力量优化资源配置，不断建立配套的资本市场实施机制，充分利用市场特有的选择力促进绿色消费。

二、绿色发展政策法规方面

我国的绿色发展因为受到部分原有体制机制障碍的制约，不一定能很好地与生态文明建设相契合，以至于在建设过程中可能存在不平衡、不协调、不可持续的问题。①

（一）环境治理的复杂性凸显相关法规衔接的必要性

在有关资源节约、环境保护、生态建设，涉及能源安全、水安全、粮食安全、环境安全、生态安全一系列内容的各种法规中，大多在各自相对狭义的领域界定和规范，没能考虑到能源、水、粮食、环境、生态五者之间的联系。② 比如，有关能源、粮食、污染控制等存在内在关联的核心内容在一些关于森林、生物多样性、湿地生态安全的法规中只是狭义的界定和规范，提及不多，有的甚至完全被忽略。这种狭义的生态安全，与生态文明建设所要求的涵盖能源、水资源、耕地保护、污染控制等各个方面的广义的生态安全不符。只有深刻全面理解生态安全的内涵，才能真正将其融入并指导经济、政治、文化、社会建设的各个方面和全过程。

① 潘家华．加强生态文明的体制机制建设［J］，财贸经济，2012，12：8-11.

② 王紫零．生态文明建设的法治构想［J］．中共山西省委党校学报，2013，36（02）：76-79.

（二）绿色发展相关法规的刚性

如果环境保护法规的柔性管制使其无法被绝对重视，可塑性过强，自由裁量的发展空间过大，具体实施过程中因人因地设法的情况过于普遍，则会导致法规的权威性和实际执法效果被降低。

（三）绿色发展法规条文的实践操作性

相关条文需要经过细则、条例、政策才能细化和落实，但部分条文和政策忽略长远性，不具有连续性，操作性弱。[①] 例如，2005年我国颁布的《可再生能源法》中有关操作层面的细节较少。

（四）绿色发展相关政策的衔接性

虽然对于与生态文明建设相关的问题均有互动机制，但是相关部门与地方各级单位在参与相关生态文明建设时，需要进行协调，而现实中可能出现各部门间争利益、避风险、怕担责现象。

（五）绿色发展措施实施的有效性

由于各种机制没有完全建立，如目标责任制、监督机制、考核机制、奖惩机制和公众参与机制等，虽然绿色经济、循环发展、低碳约束等生态文明建设的措施都有相应的规划和指标，当前的重点是确保这些措施的有效施行。

（六）绿色发展生态补偿的系统性

生态补偿机制作为生态文明建设的最主要激励机制，其运行没

① 潘家华．加强生态文明的体制机制建设［J］．财贸经济，2012，12：8-11.

有清晰的法律定位、市场机理和法理依据。就代内补偿而言，流域上游的保护是一种义务，而不是获取补偿的条件。如果仅是为了获取补偿而去破坏生态环境，这与生态文明建设的初衷相悖。此外，补偿是基于市场评估的有法律约束意义的利益裁定，不是一个严格的“市场供求”关系，其不具备价格弹性。“生态服务购买”则是一种具有价格弹性的市场合约。由于生态服务具有公共物品属性，因而政府购买或集体购买既有生态补偿的属性，又有生态服务购买的属性。代际补偿主要含义是由于子孙后代在现今当代人为主体的决策体制中没有发言权，可能受到相应的损失，当代人为了减少这种损失所做出的一种自我约束和承诺约束，需要法律规定和市场机制的强力保障才能得到有效施行。

三、事权和财权的关系方面

政府事权划分是一个逐渐优化的过程，环境保护工作日益得到重视。但基于 1994 年的分税制财税体制改革，按行政隶属关系划分收入的格局与环境保护工作之间需进一步理顺，具体表现如下：

（一）环境保护事权划分的明确性

环境保护事权应在中央与地方之间、政府与市场之间明确界定。比如国家级自然保护区的管理、国际环境公约的履约、国家环境管理能力和核废料处置设施的建设、跨省流域的环境和历史遗留污染物的治理等，这些市场和地方政府很难独立起到作用的领域，若不能及时明确责任，环境安全将会面临风险，进而影响经济社会发展。同时，地方政府应该负责相应管辖范围内的环境保护事务。地方财政分配应该顾及城市环境基础设施的建设以及地方环境管理能力与管辖的环境的提升和治理。事权划分应有效杜绝一级政府向上级政府推脱责任的现象。

（二）地方政府间环境事权与财力的匹配性[①]

首先，环境污染的外部性和破坏性多会跨区域发生，而确定的行政辖区范围是具体的工程实施载体。所以造成上下游生态环境保护的事权与财权不相配的结果，需要有效的生态环境经济补偿机制的补充。其次，各级政府环境事权与其财税利益的分配具有一定的反差，经济发展相对落后地区的财力难以承担环境治污方面的费用支出。如国有大中型企业的收益不完全归属地方政府，但企业破产后遗留的环境破坏和污染问题都由地方政府负责治理。

（三）属地原则与跨区域治理的适应性[②]

跨区域污染治理与属地原则为主的事权承担模式相悖。《中华人民共和国环境保护法》中第十六条规定：“地方各级人民政府，应当对本辖区的环境质量负责，采取措施改善环境质量。”可以说，当今社会属地管理对流域环境治理的难点在于跨界污染的负外部性，生产的受益主体和污染的受害主体错位。为获得本地经济发展的优势，地方政府有采取保护主义的可能，比如，转移污染的外部成本。这种行为可能将一系列环境政策法规的执行程度削弱，如“三同时”、环境影响评价、限期治理等。另外，由于水环境系统的完整性和流域生态的关联机制，整个流域循环系统若遭到破坏便会牵一发而动全身，从而呈现出跨行政区域污染的特征。属地原则作

① 苏明，刘军民．科学合理划分政府间环境事权与财权［J］．环境经济，2010（7）：16-25.

② 苏明，刘军民．科学合理划分政府间环境事权与财权［J］．环境经济，2010（7）：16-25.

为环境管理原则可能无法完全杜绝流域跨界水污染问题。下游被污染水体无法得到上游排放污染物企业的有效补偿，而上游政府无动力控制排污企业的同时，下游地方政府无权管理上游排污企业，跨界环境的受益和受害主体错位，地方政府可能在污染治理方面投入动力不足，有污染无治理的结果将是“公地悲剧”。

（四）地方政府环境责任配套制度的完备性①

我国已经将地方政府绿色发展纳入到政府的绩效考核体系之内，但很多地方依然将 GDP 作为一个重要的政绩目标，经济发展仍然是地方政府的主要任务和导向。在我国 2014 年修改的《环境保护法》中，将县级以上政府环保目标完成情况明确为考核评价的规定内容和重要依据。但规定是概括性和原则性的，地方政府绿色发展的考核机制如何展开以及如何具体落实等操作层面问题还有待研究和细化。

针对绩效考核的问题，可在考核过程中降低 GDP 在政府绩效考核中的比重。绩效考核是检验政府绿色发展能力和决心的重要方式，不能重经济轻环保，仅仅抓住 GDP 这一指标，过分强调其权重，将其作为地方政府绩效指标构成主要来源，必须将生态指标作为重要的考核事项列入绩效指标体系，要求政府在制定发展规划时，将环境优先作为前提和基本原则，将环境措施和治理效果作为领导干部任用考核的优先指标和和年度述职的重要内容。另外，要继续加大财政投入，保证地方绿色发展的资金来源，设立环保专项资金；环境保护支出机制需完善，合理预算，维持支出结构平衡，

① 闫胜利．我国政府环境保护责任的发展与完善［J］．社会科学家，2018（6）：105-111.

特别是涉及跨区域污染治理方面的资金调配和监管机制需进一步健全。

围绕地方政府绿色发展责任的落实，相关配套制度可进一步调整和优化。

四、政府和市场的协同方面

生态文明建设的政府机制有三个特征[①]：一是政府背后具有强制力量支撑，如果违反政府强制力便会遭到政府惩治；二是具有公共产品特征的生态文明建设纳入政府职权范围；三是政府机制的主要手段是计划、法律、规划、政策等。生态文明建设的主要市场要素如下：一是主体是理性的、自私的，且具有机会主义倾向；二是价值规律引导生态文明建设中生态产品生产和消费需求；三是信息反馈渠道影响市场效率，生态文明建设的资源和产品通过价格变动实现流动，要通过消费者和生产者相应价格机制的市场行为，实现生态文明建设目标；四是竞争机制决定技术进步速度，不断更新的技术引领市场主体逐步降低成本；五是产权保护是市场形成的基础，产权是经济所有制关系的法律表现形式，明晰的产权是生态建设的动力保障。

政府与市场的关系在生态文明建设中经历了两个阶段。[②] 第一时期是矛盾—对抗阶段，该阶段表现为政府或市场的单一机制有作用，有以下两个不同表现形式：一是市场完全压制政府机制，形成自由的完全市场机制；另一种是政府机制完全压制市场机制，形成

① 向俊杰．协同治理：生态文明建设中政府与市场关系的历史趋势［J］．黑龙江社会科学，2014（6）：19-22.

② 向俊杰．协同治理：生态文明建设中政府与市场关系的历史趋势［J］．黑龙江社会科学，2014（6）：19-22.

完全计划经济体制。国外在 20 世纪 30 年代之前发生的便是完全自由市场机制。在这一时期，亚当・斯密的自由经济理论在西方国家盛行，政府机制被限制权力，发挥作用的能力处在最低处，即“管的最少的政府是最好的政府”。市场机制把政府机制的权力压制。但这种关系模式并未很好地实现生态文明的建设，反而带来了环境的破坏。从 20 世纪初某些西方国家的生态文明建设成果看，自由的市场机制对生态文明建设来说简直就是一场大灾难。在中国 20 世纪 50 年代后期到改革开放之间的时段属于纯粹计划经济体制时期。这一时期，由于认识的能力有限，政府简单地把社会主义等同于计划经济，于是起到作用的就是政府。市场机制被政府机制完全压制。在这个时期，完全计划经济体制的经济发展模式带来了资源大规模浪费和环境的大范围污染等，违背经济规律来进行重工业超量发展和提出“赶英超美”的不切实际目标，因此全国范围内资源环境被大规模地浪费、污染和冲荡。工业发展在“以钢为纲”的口号下，掀起全民炼钢运动，形成低端设备、低级技术和无序生产混搭的局面，直接造成矿产资源被大规模地浪费，环境污染迅速扩散，森林也被大面积地破坏，导致环境代价惨重。农业发展在“以粮为纲”的口号下，造成的是大范围植被破坏，大范围水土流失，自然灾害频繁发生。根据调查显示，从“大跃进”开始到结束的这段时间，中国的森林资源有 1/10 以上被砍伐。

第二时期是共生—主辅阶段。伴随社会实践的深入发展，中国和西方国家在某种意义上认识到政府和市场或许是可以共生的，不是绝对的不相容。同一个国家政府机制与市场机制是并存的，其中一方为主要地位，而另一方为辅助地位。20 世纪 30 年代的前期，经济危机席卷资本主义世界，暴露了完全自由市场机制的缺陷，凯恩斯主义适时地为政府调控提供了理论支撑。罗斯福新政更是提供了有力的实证，市场机制与政府机制可以共生，两者的共存恰好把市场机制的弊端弥补了。西方国家至此实行的都是政府与市场共生——主辅模式。西方国家在这一阶段意识到了生态文明建设的重要性，并在生态文明建设中采用政府和市场两种交替机制。美国的实践表明，以市场为主政府为辅的环境保护模式是低效率的，20世纪50年代后，发生在西方国家的环境污染事件，也证实生态文明建设以市场为主政府为辅的方式效果并不理想。党的十一届六中全会提出“计划经济为主、市场调节为辅”的调节方针，我国进入了以政府为主、市场为辅的中国生态文明建设新时期。“使市场对资源配置起基础性作用”在1997年党的十五大报告中提出，是对计划经济为主、市场调节为辅模式的调整。这一时期，中国每一级政府开始投放更多的资源到生态环境保护和建设上来：在政策资源方面，从20世纪80年代开始，中国政府下发了许多政策，每年的政府工作报告也必然包含生态环境建设；在组织方面，从前国务院环境保护领导小组中负责生态文明建设的政府部门，逐步发展为环境保护委员会、保护局、保护总局、保护部，持续提升机构规模，并且，全国环境会议也从之前的几年一次慢慢转变成了一年一次。社会方面，大大增长了民众环保自觉性，快速发展了自发的民间环保组织，在2007年底统计已有2768家，这些民间环保组织被看成政府的延伸机构。一些私人组织也参与到生态环境保护和建设中来。这个时期，中国尝试了诸多举措，一定程度上遏制了生态破坏的进程，但环境问题并未得到根本解决。

五、环境产权制度方面

总的来说，资源与生态环境产权制度在转让权、使用权、所有权等各项权利中都有具体内容，其决定因素是资源种类。要使得转让权顺利进行，就要在符合国家与之相关的各项政策和法规的前提下，在转让界限合理的情况下使资源与生态环境转让权得到实现。依据资源种类以及用途的不同，使用权又可以具体分为矿产的勘探权和开采权等形式。如果承包经营、许可证等途径的来源符合法律规定，便可以取得使用权。资源与生态环境的产权制度是具有层次分明、产权分离等特征的产权制度。一方面，所有权与使用权内部联系不明显，因为所有权人既可以自己占有使用权，又可以依据自身意志将其交由其他的产权主体所有；使用权与转让权的关系相似，法律禁止资源与生态环境使用权的转让，这使得使用权主体不一定能在拥有经营权、收益权和使用权的同时同样拥有转让权。在产权性质来看，资源与生态环境产权制度相对中立，它介于私有产权与完全的公有产权之间。这种特质是该制度能够混合私有产权和公有产权的根源。在所有权角度来看，只有居于主体地位的公有产权决定的资源与生态环境所有权归所有权人所有，其他各项权利（如交易权、使用权等）完成主体间收益的分配，可以通过协商或交易这些相关途径建立私有产权来完成。相对于私有产权，所有权利不需要都被集中在一个人手里，只要个体的部分权利之间互不冲突，该权利是可以被多人拥有的。从产权效率角度看，资源与生态环境产权制度不同于绝对私有产权或公有产权，它比二者更具弹性。作为公有产权所有权人的主体，政府需要不断完善相关法律并保护经济主体私有产权，确保对资源与生态环境产权控制合理，而不必一一保护单个的资源与生态环境产权。作为宏观管控机制中的一种，资源与生态环境使用权能在一定程度上激励或约束权利和义务在不同经济主体内的分配，为国家生态效益与产权人经济效益相互融合、激励目标的实现做出一定的贡献，符合我国的基本国情，并且也已取得了一定的制度绩效。

（一）产权界定制度

资源与生态环境产权界定制度若不明确界定除所有权以外的、产权主体所拥有的其他经济权利，可能导致资源与生态环境产权制度在实际使用过程中出现资源产权“主体归属”与产权“收益归属”之间的“非对称性”。

其次是产权配置制度。有些资源无法利用、闲置浪费，而有些资源却利用过度、竭尽枯竭。需要提升资源调度水平，优化资源配置，满足社会各方面对稀缺资源的需求，减轻社会资源不合理利用程度，用最少化的资源消耗获取最大化的资源利益，保持产权配置的高效性与合理性。

（二）产权交易制度

资源与生态环境产权交易制度的主要问题是资源的价格制度问题。国家是资源与生态环境产权所有权人，在流程中包括出让程序，市场才能交易原本只归国家所有的资源与环境产权。而出让制度是否有效实行，主要取决于出让程序是否公开透明。出让程序的权力寻租和出让制度细节若不完善，会滋生一系列的社会问题。完善资源价格形成机制的关键是提升市场化程度。传统的资源价格忽视了环境治理、生态恢复和资源税等必要成本，而只涉及直接开采成本。因此，要想保证资源与生态环境产权价格的完整性和真实性，就要将外部性成本综合纳入到资源环境产权价格中进行市场化的运作。建立合法正规的产权交易处，尽快完善相关机制，使交易既能在场内又能在场外进行，坚决禁止产权私下交易等各种影响资源与生态环境产权良好运行的不当行为，最终让产权交易在规范、透明的环境下顺利实现。

（三）产权保护制度

完善产权保护制度的主要措施是：加强立法，用法律的权威制裁侵犯他人产权的违法行为；将宏观调控与市场配置相结合，确保生态环境与资源的优化配置、合理利用；维护一定期限内产权的稳定性；加强公益宣传，提高市场主体的保护意识；增加产权占用的补偿，完善公益诉讼制度和资源环境监测系统。

产权的界定、配置、交易以及保护四大方面构成了环境产权制度的主要内容。经济决策部门需要通过建立健全相关生态环境制度以达到规范市场、促进经济发展、保护生态环境和减少资源浪费的目的。

六、社会参与机制方面

近些年来，我国社会大众的环保觉悟有了显著提高，但在参与和贡献于生态文明建设方面，仍然存在进一步提升空间。

（一）社会参与的形式

在社会参与的形式方面，环境保护非政府组织（ENGO）在生态文化建设中发挥的作用不明显。个人和环境保护非政府组织（ENGO）形式是社会公众参与环境保护的两种主要方式。由于环境保护非政府组织（ENGO）有相应的组织能力，能更有效地表达公众意见和对公众进行宣传教育，它能集中个人和社会的资源，并加以整合，实现环境保护中的“1+1>2”，因此，环境保护非政府组织（ENGO）是公众参与环境保护更为有效的社会形式，是环保领域中无法缺少的社会力量。我国人口基数大、地域辽阔，环境保护社团组织发展不均衡，部分存在规模小、经费少、活动受限等问题，从而导致他们在社会公众心目中心理认同感和知名度有待提升，在政府处理相关公共事务时影响不足，同时也不能很好地约束于环境有较大影响的企业，不能很好地维护公众环境权益，在环境保护中的作用和影响力有待加强。

（二）社会参与的内容

在社会参与的内容方面，生态文化建设多侧重于宣传教育，涉及决策参与不多。环境教育进入了教育的方方面面，报纸、电视、网络等舆论宣传和主题节日教育，引发了社会公众的责任意识和参与意识，同时让社会公众产生了环境危机感，社会公众经过生态文化建设的宣传教育，有了一定的生态参与意识，对环境决策的参与需求增强，但是在参与机制方面还需进一步扩大公众有效参与的方式与途径。

（三）社会参与的过程

在社会参与的过程方面，不能只强调了事后的监督，而应重视社会公众参与生态文明建设广泛性、系统性和超前性，强调环境法规制定、政策制定、项目环境影响评价的决策参与及实施过程的监督。[①] 我国相关法律法规中，对社会公众全过程参与环境保护方面已有明确的规定，例如《中华人民共和国环境保护法》第六条规定："一切单位和个人都有保护环境的义务，并有权对污染和破坏环境的单位和个人进行检举和控告。"同时，1996 年《国务院关于环境保护若干问题的决定》也强调："建立公众参与机制，发挥社

① 刘宜君．生态文化建设社会参与机制分析［J］．内蒙古农业大学学报：社会科学版，2012（06）：251-253.

会团体的作用，鼓励公众参与环境保护工作，检举和揭发各种违反环境保护法律法规的行为。”① 相关文件从法律法规层面承认和鼓励公众对于环境保护的参与，应进一步落实和重视公众的事前决策参与和事中执行参与，同时强调对违反法律法规行为的事后监督。在环境保护的各个阶段都让社会公众参与进来，建立完善的事前预防、事中调控、事后监督的系统机制，会取得更有效的生态文明建设成果。

（四）社会参与的效果

我国社会公众的环保意识显著提升。随着环境问题形势的日益严峻，公众环境权益日益遭受破坏，而经过长期的宣传教育，环境对人类生存质量的重要性也越来越被人们所熟知。人们也开始认识到环境保护的必要性，但问题在于，部分公众只是停留在意识层面，在实际过程中并没有做出相应的行动，社会公众的执行力仍需提高。例如我国在 2007 年 12 月 31 日正式颁布“限塑令”，随后各超市不再免费提供塑料袋，商家和社会公众也非常清楚塑料袋产生的“白色污染”对于环境造成的危害，但是塑料袋的购买率并没有显著下降。除此之外，社会公众对政府的依赖性强，对于社会性的环保参与则不太积极，他们付诸行动的往往是那些与切身利益息息相关的家庭生活类环保活动。由此可以看出，社会公众环保参与的积极性需要进一步提高，需要切实提高环境保护的执行力。

---

① 刘宜君．生态文化建设社会参与机制分析［J］．内蒙古农业大学学报：社会科学版，2012（06）：251-253.

（五）社会参与的保障措施

我国在20世纪90年代中后期颁布的法律法规中，就已明确“环境影响报告书中应当有建设项目所在地有关单位和居民的意见”的规定，同时也规定了社会公众参与专项规划和建设项目的环境影响评价，表现了相关部门对居民环境知情权的重视，保障措施的进一步完善，将更有助于提高公众环境意识，及时发现和解决环境问题，避免在环境影响评价中出现失误。

七、绿色GDP政绩考核方面

长期以来，国内生产总值作为我国对地方政府政绩考核的核心标准，造成部分地方政府为追求政绩，以资源环境为代价追求经济增长，持续破坏区域生态环境。而考核指标中，并未考量资源的消耗水平和环境的破坏成本，只考核了一时的经济增长，而留下了长远的隐患。一些地方政府对政绩的理解仍然是经济增速、财政收入和招商引资等单纯的经济指标，生态环境很难改善，甚至每况愈下；个别政府官员贪功求名，不考虑发展质量，甚至投资僵尸企业，搞低水平重复建设，使得我国一些地区单位能耗GDP与我国高质量发展要求不符。

生态经济是指在环境所支持的经济发展范围内，以生态经济学原理和系统工程方法来作为工具，使资源得到更有效的配置，发展经济良好并且生态保护的产业，建设合理的体制、和谐文化和生态文明的环境。生态经济是经济发展和环境保护、物质文明与精神文明、自然生态与人类生态维持可持续发展的经济。时间性、空间性、效率性作为生态经济的三个显著特征，具体指资源利用在时间维度、空间维度、效率维度上的持续性和有效性。

传统经济增长方式严重破坏了生态环境。扩大生产规模过于依赖生产要素投入，粗放的经济增长方式消耗大量资源，进而导致环境成本居高不下。绿色发展追求不损害环境和生态的发展，绿色GDP政绩考核机制的推广，将督促地方政府致力于减少能源资源消耗，提高全要素生产率，进而实现人与社会、资源与环境的全面协调可持续发展。

八、绿色发展监管方面

当前监管体系中监管部门的职权逐步整合，监管力度不断加强，执行约束能力不断提高。

已往在横向环境监管上，职能分散，权责不等，无法进行强有力的监管，环境保护和经济发展有时难以齐头并进。从环境监管内部体系来看，如果从属部门的执行能力不高，地方政府没有被严格监管，对环境保护问题就不会重视。在现代社会经济飞速增长的大环境下，我国目前实行的环境监管政策极大程度上降低了生态破坏的速度，为保持生态的多样性，减少废弃排放，为资源环境保护提供了制度基础。

学术界认为，自然资源包含于环境中，环保部门对自己和其他部门进行统一的指导、协调以及监督的自然资源与环境保护的工作就叫统一监督管理。实际上，环保部门通常把统一监管的重点放在对企事业单位的监管上，协调和沟通相关部门的环保履职情况，忽视了对相关部门环保履职的实际考核，因此，环保部门在环境监管方面力度不够。一些政府部门抗拒环保部门的监管，担心影响到自己部门的工作，同时也害怕自己的职权被转移。

然而，环境本来就是一个完整庞大的体系，环境保护就是一项牵一发而动全身的工作，所以，在突发环境问题时，环保部门的工作需要相应部门的积极配合。比如资源过度开采会导致地面塌陷、水污染等问题，环保部门就需要对国土资源局、水利局等部门进行相应的监管，由于其和水利、国土资源等行政部门均为平行部门，所以，环境保护行政主管部门必须发挥统一指导、监督和协调的作用。目前看来，环保部门发挥了一定的统一监管作用，但是部分针对企业、相关政府部门的监管还需进一步落实。在环境压力日益严峻的形势下，我国新修订了《环境保护法》（2014 年），并对环保部门开展的统一监督管理工作赋予了新的内涵，虽然在自然资源开采、生态保持以及预防污染等方面做出了相关规定，但从总体来说，污染防治是该法的侧重点。部分学者认为，要根本上解决监管部门执行政策中遇到的困难，尚需进一步改进，2014 年新修订的《环境保护法》是全国人大常委会通过的，从法律等级上来说与《水法》《森林法》《土地管理法》等法律平等，学术界一般认为，2014 年修订的《环境保护法》对环保部门在实行监管职能时有了更明确的规定，环保部门能够顺利实行监管职能，可是当环境问题牵扯到国土资源、水利部门以及我国农林业时，因这些部门都有自己的适用法律，所以《环境保护法》对这些部门面临法律运用问题，在环保部门执法时依然存在问题，需要一个各部门法律之上的大法，填补环境部门与其他部门行政职权重叠时的法律规范。

从 2014 年起，在我国有 100 多个城市开始推行优化的多规合一制度，即将国民经济、社会发展规划、土地利用规划、城乡规划以及生态环境保护规划等多个规划整合到一个区域上，努力达成一个市县拥有一本规划和一张蓝图，解决各类规划自成体系、自相矛盾的问题。《关于省以下环保机构监测监察执法垂直管理制度改革试点工作的指导意见》的印发和实施，有力推进了环保部门按照新制度高效运行，环境监督管理体系中的执行约束能力不足，从属部门的执行能力不高，地方政府没有被严格监管，对环境保护问题不重视，上级部门对下级部门的监管不严格等问题逐渐得到解决。但是，环境监察的任务非常繁重，工作人员缺乏，同时基层环境监管人员存在对生产工艺不熟悉的情况，导致部分执法不规范。地方环境保护工作人员的积极性至关重要，有必要进一步研究制定相应激励机制。

第五章　典型区域绿色发展的动力分析

——基于新疆维吾尔自治区生态补偿机制的分析

丰富的矿产资源是区域经济快速发展的重要支撑。然而，对矿产资源的开采在带动当地经济社会发展、推进工业化进程的同时，也造成了一系列资源浪费、环境污染等问题，对矿产资源区造成一定破坏。为了改变环境现状，有必要采取相应措施，推进生态补偿机制建设，解决环境保护与经济发展之间的矛盾，实现经济、社会与自然环境的共生发展。实现地方政府生态文明建设常态化、长效化，根本要靠制度体系做支撑。党的十八届三中全会明确要求执行生态补偿制度。

矿产资源开发过程中存在生态补偿面临的补偿标准缺乏、补偿方式单一、作为补偿主体的矿业权人积极性缺乏、资源优势不能转化为经济优势、开发速度快而资源利用率较低、矿产资源开发的负外部性问题严重等窘迫现状，并有针对性地从责任和义务、方式和途径、补偿标准、保障措施、保证金制度、资金筹措渠道等方面提出了对策建议。

一、引　言

（一）研究背景及意义

新疆矿产资源丰富，极具开发潜力。近年来，矿产开采和利用极大地推动了新疆的发展。与此同时，不合理的开发利用也产生了严重的负面问题，浪费、污染等问题屡见报端。这表明新疆对矿产资源的开发利用损害了环境。研究分析新疆矿产资源开发生态补偿，有利于发挥示范作用，改善新疆环境质量，达到自然、经济和社会的和谐统一。

把新疆作为生态补偿机制的重点示范区，是充分考虑新疆生态环境的重要性，从实现生态经济协调发展的角度，将资源优势转化为经济优势。同时倡导公众的生态文明意识。当前我国公众较少参与环境管理的原因之一就在于其环保意识不够，难以让大众主动承担其主人翁的监督和保护责任。本章以建立健全新疆生态补偿机制体制为目的，试图协调政府、企业和当地居民等相关主体的经济利益关系，通过限制和规范人们的各种行为实现资源能源合理配置、区域环境质量良好。

（二）国内外文献综述及启示

国外的环境方面研究更多关注实践性，注重理论应用于实际，将经济学、统计学与实践相结合，解决实际问题。其研究主要是针对补偿机制体制的设计和补偿标准的计算问题，由于研究较为充分，结果都是在健全的法律法规和充分的原始资料的基础上得出来的。20 世纪 80 年代，有学者[①]从环境保护和经济发展辩证统一的关系上论述：工商业及其他经济活动的开展，对环境造成了不同程度的影响，甚至会造成环境污染、生态破坏，最终危及人类及其他生物健康。由此，良好的环境质量就由公共物品变成了较为稀有的稀缺物品。企业主体及其相关利益体是良好环境的购买者，在经济活动中要为不合理的行为造成的环境影响付出较高的代价。

在协调补偿主体和补偿对象的相互关系时，不同学者就如何补偿有不同的看法，最为常见的有三种：一种是庇古理论，认为污染者对环境造成了破坏，应该对其收取补偿费，主要侧重于政府的强制手段，适用于相关利益体较多时；二是科斯理论，认为在产权明确的前提下，无论是否存在交易成本，各相关利益体都能通过协商谈判达到资源的有效配置，主要是利用市场配置资源，适用于人数较少的情况；三是包默尔代表的理论，认为受害者可以进行自我保护，所以对于他们，既不用补偿也不用征税，其自身可以有效调节到适宜的程度。

国内相关学者对环境理论和实践进行了大量研究，但由于起步较晚，很多理论并没有获得实施，体制机制仍不十分健全。研究涉及生态价值理论、生态效益，补偿标准和原则及原则方法等。李克国[②]认为应该对破坏行为主体征收资源税，并将资源税应用在环境保护的方方面面。刘桂环（2011）[③] 等学者认为，在流域水质监测

① JunJie Wu and Bruce Alan Babcock. Relative Efficiency of Voluntary Versus Mandatory Environmental Regulations ［J］. Journal of Environmental Economics and Management. 1999 (38): 158-175.

② 李克国．生态环境补偿政策的理论与实践［J］．环境科学动态，2000（2）：8-11.

③ 刘桂环，文一惠，孟蕊，等．官厅水库流域生态补偿机制研究：生态系统服务视角［J］．中国人口资源与环境，2011，21（12）：61-64.

问题上，为了能够获得准确和详细的资料，应该建立相应的数学模型，利用科学手段进行跟踪监测，收取生态补偿费，对流域生态环境统筹规划。曹明德（2004）① 就森林资源生态补偿问题进行了探讨。一些学者②认为应该实施环境功能区划，根据环境标准和当地条件，划分一个大区域为若干功能区，建立生态补偿机制和生态补偿机构。

在生态补偿机制与补偿方式上，新疆与我国其他区域类似，主要是征收矿产资源税和费，其基本依据是矿产资源开发带来的经济利益，但是当前的生态补偿机制并没起到恢复被破坏的生态环境的作用。所以，这种补偿没有为污染主体提供持续的激励使其主动采取措施进行生态环境的恢复，与我们所说的生态补偿相差甚远。

二、矿产资源开发生态补偿机制的理论综述

（一）生态补偿及矿产资源开发生态补偿机制的内涵

生态补偿理论上分为狭义和广义两种：狭义的是指对经济活动所造成的破坏进行恢复的行为活动；广义的是指除此之外，还包括人类活动对环境造成不良环境影响，使其危害到当地居民，污染者需要依据相关的环境保护政策、法律法规、标准，对当地居民区进行资金上的补偿等。通俗地讲，生态补偿就是通过对破坏资源的行为收费，对保护生态的行为进行补偿，从而将环境外部性内部化，即提高破坏环境行为的成本，增加保护行为的收益，以此约束破坏环境行为的发生，激励主体参与环境保护，达到保护资源环境、促

① 曹明德．对建立我国生态补偿制度的思考［J］．法学，2004（03）：40-43.

② 陈源泉，高旺盛．基于生态经济学理论与方法的生态补偿量化研究［J］．系统工程理论与实践，2007（4）：165-170.

进资源环境可持续性发展的目的。

生态补偿是一个跨多门学科的概念，其中包含了经济学和生态学、系统科学理论，目的是实现经济、人口、环境协调统一，实现绿色发展。对于生态补偿的具体定义，并没有统一的定论，各方各抒己见。

生态补偿是指生态环境破坏者对破坏对象给予经济上的补偿，使其外部成本内部化，符合环境发展的需要。生态补偿还包括对主体的行为产生的正的外部性、带来的环境效益给予补偿。可见，生态补偿是为了实现资源的可持续利用，采取相关措施保护或恢复生态系统功能的一种制度安排。而矿产资源补偿机制是指为恢复因企业开矿而造成的生态环境破坏，要给予财政、财税等政策支持。

完善矿产资源开发补偿机制，亟待处理以下四方面问题：一是矿山企业破坏矿产资源系统，矿山企业应对国家进行补偿；二是由于矿产资源的开采形成污染和破坏环境，危害到周围居民的生产生活，甚至危害到人体健康，开发企业依法对当地居民的补偿；三是矿产资源开发利用过程中，由于不合理、不持续的经济活动对矿产资源造成了难以修复的伤害，依据可持续发展理论，对“子孙后代”的补偿；四是其他工业城市对矿业城市的补偿。

因此，矿产资源开发生态补偿对象既包括自身利益受到损害的居民、矿业城市和国家，也包括主动改善环境的采矿者。

（二）生态补偿对地方政府绿色发展的激励作用

生态补偿是污染付费者和提供者利益关系的调整过程，是利益间冲突的调节过程。在这一过程中需要制定一定的规则，政府付费就是生态补偿过程中付费者与提供者协调关系的结果，有利于增加政府进行生态保护的积极性，促进信息共享。政府作为生态补偿的主体，在恢复治理过程中发挥着重要作用。经济发展意味着要从自然界开采出更多的资源、造成严重的环境污染，而恶化的环境反过来又会阻碍经济发展，二者之间存在利益冲突。通过激励规则的制定，可以明确目标、调整利益关系、加强政府监管机制的建立。

生态环境作为一种公共物品由政府提供并无太大的争议，然而并不能把公共物品理论作为生态补偿的理论基础。因为生态补偿并不是要解决公共物品由谁提供的问题，而是要促进利益的合理分配。当前中国生态补偿以公共财政支出为主要形式，可是并不意味着所有生态环境建设方面的公共支付都属于生态补偿，关键要看其支出范围。由于生态环境的外部性，生态补偿中的政府行为通过政府面临的外部激励会形成不同的行为偏好，不同的行为偏好可能会面临不同的风险。这需要政府在制定政策时要把握客观规律，根据不同地区的实际情况实现正确、合理的行为偏好的选择。

政府监管提高了生态补偿效率，一定程度上降低了交易费用，维护了各相关利益体的公平和谐，这在一定程度上体现了政府监督执行能力的提高。当政府处于利益相关方之外，能够更好地发挥职能，保障生态补偿得以高质量的实施。生态补偿机制的建立有利于更好地发挥政府职能，如规则制定、组织实施、财政支持和国际合作等。

（三）矿产资源开发生态补偿主要内容

补偿主体、客体、补偿方式以及补偿标准等方面的研究是需要解决的重要课题。

1. 补偿主体和客体

补偿主体就是因开采行为污染环境或破坏生态的组织或个人。生态补偿的客体指被补偿的对象。建立生态补偿机制，其主要目的是保护、治理、恢复生态环境，制止破坏性的开发行为，营造良好的生存环境。

根据前文所述，新疆矿产资源开发生态补偿有明确的责任主体，即采矿权人。责任主体有义务对造成的环境和生态损害进行治理恢复。采矿权人可根据不同的对象，选择由采矿权人恢复或找专门的组织进行治理。但是在治理过程中，存在着很多企业不能解决的如大气或水圈治理问题，一般由专业组织负责，但并不变更采矿权人的补偿主体义务，企业主体仍是补偿费的支付者。对于历史原因留下的问题或难以明确责任主体的，政府需担负恢复治理责任。建立生态补偿机制的目的主要是对生态环境进行保护，协调经济发展与环境保护的关系，并不是要污染主体缴纳排污费，或是使一个主体对另一个主体支付补偿费用。生态补偿机制的最终落脚点是希望能依法约束人们的社会经济活动，提高人们的环保意识，明确主体责任，合理配置自然资源，积极主动地对破坏行为进行恢复治理。

2. 补偿方式

环境属于公共物品，没有明确的产权归属，为此，必须发挥政府的主导作用，通过立法、制定相关政策、建立健全相关管理机构等强制性措施来约束人类活动，促进经济社会协调发展。以政府为主导的管理方式存在诸多问题，例如管理成本高、运行效率低、管理经验不足等，因此需要结合市场机制以有效解决上述问题。

3. 补偿原则

补偿原则主要包括三个方面：一是破坏者补偿原则，这一原则针对性很强，能够明确补偿责任主体，具体可以涉及一个区域、一个单位甚至一个部门，更有利于生态补偿政策的实施；二是新旧分治原则，由于历史问题或不能确定赔偿主体的，由国家负责补偿和修复，否则由破坏者承担补偿与修复的责任；三是政府与市场相结合原则。政府发挥管理作用，制定相关法律法规，完善相关制度，推进机制运行并监督运行效果。市场机制应发挥调节作用，主要包括配置资源、提高效率、拓宽融资渠道。

（四）生态补偿理论基础

1. 生态资本理论

生态资本是用于价值再生产或再创造的自然资源和生态环境。在一定的条件下，可以通过征收生态补偿税费将外部成本内部化，从而对主体产生持续的激励作用而主动采取措施保护生态环境。实施过程中应确保政府手段与市场机制相结合，实现资源优化配置，最终使得边际私人成本与边际社会成本相符合、边际私人效益与社会私人效益相符。

2. 外部性理论

外部性是指一方的经济活动对另一方的福利影响无法由市场机制反映。外部性可分为正、负两种，正外部性是指行为主体行为的社会收益大于主体收益，负外部性则指主体行为对他人产生负面影响。在矿产资源开发利用过程中，不能持续合理地利用矿产资源而造成的环境污染、资源浪费等问题皆为负外部性。

外部性这一概念的提出，对于研究环境问题产生的原因以及改善措施提供了较好的方法论基础。较为典型的有两种理论，一是以庇古为代表，主张征收税费，通过政府干预，强制性地使污染主体为其污染行为负责，缴纳排污税、费等，由此将外部成本内部化，解决环境问题；二是以科斯为代表的产权理论，认为在产权明确时无需政府进行干预，依靠协商谈判就能解决负外部性问题，无论初始产权如何配置，交易费用是否为零，各相关利益体总是会找到最优的资源配置方式。

随着经济的发展和人民生活质量的提升，人们更重视精神方面需求水平的提高以及自身健康，由此对生态环境质量提出了更高的要求。为了实现可持续发展、维护自身的生存利益，人们更加注重保护生态环境。生态补偿可有效减弱负外部性，能够使外部成本内部化，实现经济社会与生态环境发展的统一，从而实现可持续发展。

3. 可持续发展理论

工业革命最早发生在西方发达国家，促进了经济发展，大大提高了生产力水平，以至于人们将 GDP（国民生产总值）的多少视为衡量一国经济的唯一尺度，片面追求经济高速增长的经济发展模式。这种不合理的发展模式最终导致了生态环境的破坏和环境污染等大量环境问题，严重危害了人类及其他生物生存发展的正当利益。在此背景下，为了缓和当前矛盾，人们提出了可持续发展理论，使工业发展、经济高速增长的同时兼顾对环境的影响。

可持续发展理论的内涵之一是要对自然资源进行合理的开发利用，各种经济活动必须在环境承载能力的限制之内。自然环境是人类生存和发展的基本条件，没有自然环境就没有当今人类的发展，二者休戚相关。因此，不能走先污染后治理的老路，发展经济绝不能以牺牲环境为代价。

三、矿产资源开发生态补偿现状及存在问题

以典型的欠发达资源富集区——新疆维吾尔自治区为例进行阐释。

（一）矿产资源开发生态补偿机制现状

新疆已经制定了资源税、资源补偿费、矿山地质环境恢复治理保障金、地方经济发展费等生态补偿制度。表 5-1 为新疆生态补偿内容（以煤炭为例）。

表 5-1 新疆煤炭资源开发有关生态补偿内容

相关生态补偿内容	法律法规、规章制度	具体标准	用途
资源税	《中华人民共和国资源税暂行条例》《国务院关于修改〈中华人民共和国资源税暂行条例〉的决定》《关于调整新疆维吾尔自治区资源税税额标准的通知》	应纳税额=课税数量×单位数额，其中煤炭：焦炭，每吨 8~20 元，其他煤炭每吨3~5 元。新疆的标准：从 2009 年 3 月 1 日起，焦煤每吨 8 元，其他煤炭每吨 3 元	作为税收，纳入政府财政预算支出
资源补偿费	《新疆维吾尔自治区矿产资源补偿费征收使用管理方法》《国务院关于修改〈新疆维吾尔自治区矿产资源补偿费征收使用管理方法〉的决定》	矿产资源补偿费金额=矿产品销售收入×补偿费费率×开采回采率系数，新疆煤炭补偿费费率为 1%	矿产资源的勘察、利用和保护
矿山地质环境恢复治理保证金	《新疆维吾尔自治区矿山地质环境治理恢复保证金管理办法》	保证金缴存金额=采矿许可证矿区面积×缴存标准（累进制）×影响系数×采矿许可证有效期（年限）	保证金专项用于矿山地质环境治理恢复

续表

相关生态补偿内容	法律法规、规章制度	具体标准	用途
地方经济发展费	《新疆维吾尔自治区矿产资源有偿配置与勘查开发转化管理规定（暂行）》《关于征收煤炭资源地方经济发展费的通知》	动力煤 15 元/吨；焦煤及配焦用煤 20 元每吨，如果开采煤炭资源用于疆内煤电、煤化工等转化项目的，煤炭资源开发地方经济发展费按照上述收费标准的 40% 收取；凡以申请在先、协议出让方式取得煤炭采矿权的企业，在征收标准上每吨加征 5 元/吨	（1）重大民生工程；（2）新型工业化项目；（3）重点基础设施项目建设；（4）矿区生态恢复和环境治理；（5）矿产资源地质勘查支出；（6）社会救助与保障标准和物价上涨挂钩联动机制补贴；（7）经自治区党委、人民政府批准的其他支出

注：资料来源于（董文福等 2013）①。

（二）矿产资源开发生态补偿法律制度现状②

现行矿产资源开发生态补偿制度体系包括国家级和地方级两个层面的法律制度。

1. 国家相关法律法规

（1）宪法。宪法是国家的根本大法，从总体上制定政策法律法规，为各级地方政府实行矿产资源开发生态补偿政策提供法律依据。宪法第九条和第一百一十六条第三款的规定从根本上为矿产资源开发生态补偿提供了法律保障。

① 董文福，梁少锋，赵志刚，王志朴．新疆煤炭资源开发生态补偿的对策建议［J］．环境保护，2013（24）：62-64.

② 江钦辉，张睿．新疆矿产资源开发生态补偿法律制度探析［J］．喀什师范学院学报，2014（2）：27-30.

（2）法律。法律是我国协调各方利益关系的主干，通过各项相关法律能够有效管理和解决实际问题。与生态补偿相关的法律有《中华人民共和国环境保护法》《中华人民共和国矿产资源法》《中华人民共和国土地资源管理法》等。这些法律从不同的角度对矿山生态环境的保护和恢复作出了具体规定，体现了矿产资源开发生态补偿的内容。

（3）行政法规。涉及矿产资源开发生态补偿的行政法规有《中华人民共和国矿产资源法实施细则》《土地复垦条例》《矿产资源补偿费征收管理规定》等。

（4）行政规章。在行政规章层面，相关的行政规章有《矿山地质环境保护规定》《土地复垦条例实施办法》等。

然而，上述国家层面的法律法规主要是针对矿山生态环境恢复和治理以及经济补偿的规定，建立了生态补偿制度原则、规则以及责任体系，当前的重点是对补偿责任体、标准、方式等具体内容的优化。

2. 地方相关法律法规

（1）地方法规。地方法规主要有《新疆维吾尔自治区矿产资源管理条例》《新疆维吾尔自治区实施〈土地管理法〉办法》《新疆维吾尔自治区地质环境保护条例》等，分别对生态环境修复和综合治理、耕地开垦与补偿、土地出让、矿区地质影响分析和修复等内容作出规定。

（2）地方规章。地方规章主要是《新疆维吾尔自治区实施〈土地复垦规定〉办法》，该办法第三条规定："土地复垦，应当贯彻'谁破坏，谁复垦'的原则，实行以'行业规划，分类实施，归口管理，综合协调'为基本形式的管理制度。"

（三）重点生态功能区生态补偿特殊性

1. 生态重建与贫困地区的空间叠加

纵观我国发展历程可知，生态问题不只是环境问题，还会逐渐演变成一种经济问题甚至是安全问题。生态问题与地区经济和社会发展关系密切，经济增速快，会加大对矿产等自然资源的开采，从而会破坏生态环境，造成环境污染，而生态恶化会反过来影响和制约经济发展。新疆重点生态功能区是我国生态环境重建和恢复治理的重点，也是我国整体经济平稳运行不可或缺的重要一环。

必须建立健全完善的生态补偿机制，依据可持续发展理论的指导，对新疆进行重点建设与发展，发挥其示范作用。

2. 生态重建与民族地区的空间叠加

受自然和历史因素双重影响，新疆部分群众居住在自然环境恶劣地区。

近年来，我国加快了对新疆生态环境恢复治理的步伐，很多民族地区在生态保护方面取得了明显成效，但是先污染后治理的现象仍在一定程度上存在。

生态重建与民族地区的空间叠加，进一步凸显了经济发展与生态建设相协调的重要性。一方面，生态重建对经济发展的依赖性进一步增强，即需要持续、健康的经济发展为生态重建提供必要的经济支持；另一方面，又需要良好的生态建设来保障经济发展质量的提高。

（四）矿产资源开发生态补偿机制问题分析

1. 补偿标准方面

设定补偿标准是矿产资源开发生态补偿体系中的核心问题。目前，我国出台的《中华人民共和国矿产资源法》《矿产资源补偿费征收管理规定》等法律法规，对矿产开采的生态修复补偿问题做出要求，但没有规定明确的补偿标准。因此，必须尽快设定合理有效的补偿标准，以利于生态补偿得到更好的实施。

2. 补偿方式方面

我国矿产资源开发生态补偿资金来源于财政转移支付和各开矿企业缴纳税费。受地方财政水平的制约，地方政府用于生态补偿的预算有限，生态修复财力支持不足。再加上能源矿产资源定价机制，导致新疆为东部地区的发展支付了高额成本，这使得新疆的生态补偿难度更大。同时，各种历史遗留的环境问题都需要政府进行生态补偿，生态补偿机制的缺失使得生态补偿融资方式和渠道单一，治理能力受限，影响生态补偿的实施效果。

3. 矿业权人补偿积极性方面

《新疆维吾尔自治区矿山地质环境治理恢复保证金管理办法》[①]中规定，保证金是补偿主体由于破坏了当前环境，有义务向受损区支付的一种备用补偿资金。可以分期付款，也可以一次性交付，审核通过的，可以将保证金及孳生利息全额返还采矿权人。

① 新疆维吾尔自治区国土资源厅．新疆维吾尔自治区矿山地质环境治理恢复保证金管理办法，2012-4-8.

表 5-2　新疆矿山保证金缴存和返还情况（单位：亿元）

年份	保证金缴存数额	保证金返还数额
2011	7.21	0
2012	4.40	0
2013	5.18	0
2014	2.03	0
2015	2.23	0

注：数据来源于新疆国土资源厅统计资料。

对上述数据进行分析可以得出结论：一是很多开矿企业在开采时未对资源环境进行合理的保护，所以没有得到保证金的返还；二是保证金没有得到充分运用，说明矿山保证金制度仍有待完善；三是反映出一些企业缺乏主动治理的积极性。该项制度尚需在实施实践进程中不断总结和改进。

4. 资源优势转化方面

新疆地区矿产资源产业链条较短，主要以初级产品采掘销售为主。新疆地区采掘工业产值占工业比重较高，加工工业产值占比较低，矿产品深加工能力不强，尚未构建完整的产业链。矿产资源开发是新疆的支柱产业，在保护生态环境的同时，将资源优势转化为经济优势，带动地方经济发展也是生态补偿的应有之意。

5. 矿产资源开发的负外部性方面

新疆的生态系统脆弱，矿产资源的掠夺式开发，只能让生态问题更加严峻。新疆地质环境监测院的调查结果显示①，因矿产开发

① 韩茜，胡隽秋．新疆能源矿产资源开发补偿机制研究［J］．能源环境保护，2012，26（5）：1-5.

破坏的新疆地区土地面积高达 32530 公顷，其中，仅油气田勘探开发活动造成的污染面积就高达 2874 公顷。另外，石油生产和工程建设占用及破坏的土地面积也达到 13.75 万公顷。资源开发的负外部性，凸显生态补偿机制的必要性。

6. 矿山地质环境治理恢复保证金管理方面

近年来，新疆地区矿产资源开发保证金制度的制定与实施取得了一定的成效，但对于我国具体实际来讲仍处于初级阶段，保证金具体缴纳的计算方法、缴纳标准以及验收等重要环节正在不断完善。

四、构建矿产资源开发生态补偿机制政策建议

（一）明确主体责任和义务

生态补偿主体有责任和义务支付保证金，按照国家政策规定对破坏的生态环境进行治理和恢复。

明确责任主体是建立生态补偿机制的前提，补偿主体必须按法律要求对责任客体提供资金。国家应该对资源所在地的生态建设进行资金和政策等方面的倾斜。

（二）完善补偿方式和途径

新疆的生态补偿方式单一，应不断完善补偿费种类和标准，并建立专款专用制度。

新疆可以尝试推进市场化改革，推行环境产权交易。建立排污权交易制度，这样可以在一定程度上掌控污染物排放数量。（见图 5-1）

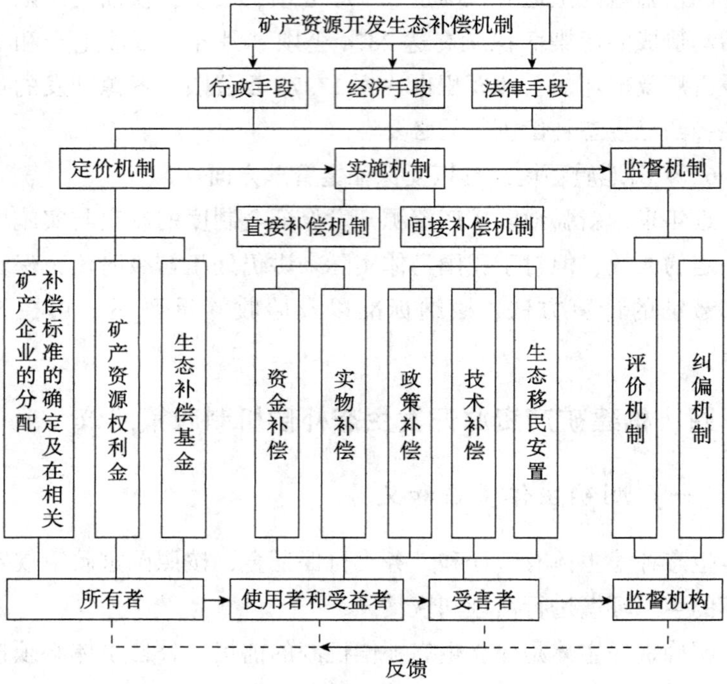

图 5-1　生态补偿机制

（三）制定矿产资源开发生态补偿标准

应设定统一评价机制，根据具体区情、生态损害程度以及实际状况进行评定，评定方法和标准应客观、可操作性强。由于新疆的经济社会发展水平不高，前期生态欠账较多，且属于重点生态功能区，补偿标准应相对较高。

（四）完善新疆矿产资源开发生态补偿保障措施

矿产资源开发生态补偿机制建设的重要一环，是保障机制建设。

1. 加强矿产资源开发生态补偿法律制度建设

生态补偿机制最重要的依据是法律。国家应该设置专门的矿产资源开发生态补偿法律政策与实施条例。各级地方政府应依据国家法律，确定地方标准，确保法律有效实施。

2. 营造良好的矿产资源开发生态补偿环境

政府应从全局出发，充分认识到矿产资源开发生态补偿的重要性和实施的迫切性。政府在生态建设中应发挥主导作用，利用政策手段引导企业提高资源产出效率，采用先进的采掘技术和工具，尽最大可能去降低对生态环境的破坏，保证金山银山和绿水青山兼得。

（五）完善矿产资源开发补偿的保证金制度

1. 建立预防性生态补偿制度

当前我国对于生态补偿机制的研究还不够深入，缺乏相应的风险防范机制，为此，应建立矿产资源开发生态风险基金制度，将防范措施实施于污染之前，做到防患于未然。重大项目的开发所带来的环境影响是长期的，范围广并且难以预测，随之而来的便是风险的不可预测性，建立生态风险防范机制能够在一定程度上降低风险。矿产资源开发风险基金主要用于无法预测的生态风险损失，或不可抗力导致的生态损失的补偿。

2. 建立矿山环境损害行政补偿制度

矿山环境损害行政补偿制度是指由于破坏主体难以确定或主体

支付能力不足、破产导致政府承担治理责任，这种补偿行为最终发展为政府行为。发挥政府的指导作用对破坏的生态环境进行恢复治理，目的是为了维护矿产资源开发过程中受影响的当地居民的人身安全以及个人利益。通过政府行为将开发主体的外部经济性转化为内部成本，以改善区域环境质量。

由矿产资源开发者缴纳矿山环境治理保证金，缴纳金额由开发规模、矿种和开发方式等因素决定，主要用于遭受矿产资源开发污染和破坏的环境的恢复治理，以及补偿给矿区居民带来的损失。其建立、运转由行政主管部门进行监管。

3. 推行保证金多元化缴存形式和运行模式

在设立和实施我国保证金制度时，应该充分借鉴吸收国外先进经验，结合新疆实际，设计推行保证金多元化缴存形式和运行模式。当前，新疆的非银行金融机构信用尚不健全，需要银行对保证金进行统一管理，同时需注重加强政府对保证金的监管。可选择条件较为成熟的新疆北部地区先行试点，创新保证金的缴存形式，逐步鼓励大型有资质的银行或非银行类金融机构拓展矿山地质环境治理恢复的担保业务，循序渐进、分阶段建立由矿山企业向金融机构获取信用、金融机构向政府提供担保的运作模式，推动保证金多元化缴存形式和运行模式不断成熟完善。

（六）建立多元化资金筹措渠道

主要包括三种途径：一是充分利用资本市场融资，为生态补偿提供持续的资金支持，如增发国债、支持矿业和生态治理企业上市等，为环境治理和保护提供资金支持。二是建立多元化融资机制，比如国家给予一定的优惠政策、补贴政策以及减免税政策。三是优化税收结构，对各种与资源开发和环境保护相关的税种进行优化整合，保证生态环境建设税源充足。

五、结 论

由于矿产资源开发的负外部性影响，新疆维吾尔自治区在经济加速发展的同时，也对生态环境形成压力。本研究在梳理分析其矿产资源开发利用现状及问题的基础上，从明确主体、完善补偿方式、制定补偿标准、完善生态补偿保障措施、完善保证金制度、建立多元化资金筹措渠道等六方面提出了完善生态补偿机制的建议。

对　策　篇

第六章　地方政府绿色发展考核体系与模式构建

一、问题的提出

我国经济社会的高速发展取得了诸多成就，经济蓬勃发展进程中出现了部分区域环境恶化现象，已经成为较为严重的社会问题。传统的“唯经济论”的考核制度，愈发不能适应社会生态文明建设的需求，改革呼声愈发强烈。围绕政府考核与绿色发展之间的关系问题，政府考核的变革需求是必然的，政府绩效考核体系是其中的关键，需要增加生态要素目标，弱化侧重性强的经济系统目标。当然，也要明确的是，绿色考核也不是单纯过分强调生态保护，割裂生态系统与产业经济系统的做法不仅造成资源、治理成本的极大浪费，也可能形成“污染—治理—再污染—再治理”的经济—生态系统的恶性循环。在此背景下，经济—生态系统耦合便成为经济与生态协调发展的有效方略，从这一角度出发，绿色考核的重点便是经济—生态系统耦合效果和对于该耦合系统的投入与治理。新的衡量政府绩效的价值规范逐渐成形。2013 年，《关于改进地方党政领导班子和领导干部政绩考核工作的通知》，明确了衡量社会价值标准由单方面对经济指标、政府效率的关注转向效率、公平、和谐方面的考量。绿色考核势在必行。绿色考核将进一步推进地方绿色发展、循环发展、低碳发展、和谐发展，形成集约发展、绿色发展的空间格局。

目前，我国绿色考核仍处于探索性阶段，在指标体系设计，特别是运行机制上仍有待进一步改进和完善，这需要进一步明确绿色考核的机理，构建更为合理的绿色考核体系。如何平衡生态系统与经济产业系统协同发展问题是绿色考核亟待解决的难题。目前，绿色考核的理论研究，多聚焦于绿色发展方式及对政府考核指标体系设计上，并未明确绿色考核本身内在的作用机理。绿色考核内在机理研究的缺失，严重制约了政府考核理论的发展速度，也不利于地方政府转变发展观念及切实采取改进措施。此外，引入组织边界理论模糊了绿色考核中多个主体子系统之间的界限，也暴露了绿色考核问题上平台意识、系统意识缺失的短板，所以，厘清、明确绿色考核内涵与作用机理，势在必行。

二、理论述评

（一）政府绩效考核国内外研究现状

考核，目的在于刺激、激励，可以调动主体能动性，是实现组织既定目标的重要手段。西方政府绩效管理理念与方法源于工商企业管理，政府绩效考核指标体系的研究随之逐步兴起。19 世纪 40 年代，政府绩效测量研究开始。美国 GPP 项目小组最早设计了包括财务政策管理、资源环境管理等指标的绩效考评模型，[①] 并建设了相应的考评标准。美国总统管理及预算办公室也为跨部门职能政

① Behn R D. Why Measure Performance? Different Purposes Require Different Measures [J]. Public Administration Review, 2003, 63 (5): 586-606.

府开发了绩效考核指标[①]，包括职业培训、灾情管理、灾情预警等指标，绩效指标的数量也在调整中。1979 年，英国建设的咨询小组对政府工作业绩进行评价，制定可以提高效率、强化政府管理的具体方法。[②] 20 世纪 70 年代，政府绩效考核得到飞速发展，经济性、效率性与效果性特征得到越来越多的重视。20 世纪 90 年代，美国要求公共部门与机构确定绩效评价指标，衡量并评价政府活动行为的相关产出、服务指标。国内学者的研究也逐步兴起。吴建南、马亮、杨宇谦（2011）[③] 研究设计了职能指标等多个一级指标、二级指标以及三级指标体系，从总体状况、合规性等多方面建立通用指标体系。韩兆洲（2004）[④] 确定了一共 30 项指标（包括环境综合治理、公民满意度、社会民主评议指标等）的政府绩效综合评价指标体系。另外，平衡计分卡（BSC）应用于地方政府绩效考核中的研究也较多。彭国甫等（2004）[⑤] 根据平衡计分卡的理念，指出地方政府绩效指标体系可界定为管理业绩、管理流程等考评指标。综上所述，研究成果仍较为少见，理论基础仍有待加强，指标体系构建的科学规范性也有待提高。

---

① 王玉明．美国构建政府绩效评估指标体系的探索与启示［J］．兰州学刊，2007（6）：101-104.

② 孙庆国．英国地方政府绩效评估体系改革及对中国的启示［J］．辽宁大学学报（哲学社会科学版），2008，36（4）：16-20.

③ 吴建南，马亮，杨宇谦，等．比较视角下的效能建设：绩效改进、创新与服务型政府［J］．中国行政管理，2011（3）：37-42.

④ 韩兆洲．政府政绩综合评价指标体系及实证分析［J］．暨南学报（哲学社会科学版），2004，26（6）：37-42.

⑤ 彭国甫，盛明科，刘期达．基于平衡计分卡的地方政府绩效评估［J］．湖南社会科学，2004（5）：23-26.

（二）绿色GDP研究现状

绿色GDP相关理论研究始于麻省理工学院率先提出的生态需求指标概念。这一概念反映了经济增长与资源环境压力之间的关系。此后，托宾等提出了净经济福利指标[①]，增加家政活动、社会义务等核算指标。净国内生产指标与生态足迹等度量指标陆续提出。1997年，生态服务指标体系被提出，用以揭示可持续发展的本质内涵。Bartelmus（2001）[②] 进一步提出了综合环境与经济核算的系统框架与绿色方法分析体系。Markandya、Pavan 等（1999）[③] 分析荷兰、德国等实践后指出，收集环境污染的福利效应、自然资源价值的信息用途有二：国内生产总值调整以及卫星账户汇编，形成污染排放账户。总而言之，绿色国民经济核算体系与评价方法具备了相当细致的研究体系。

在国内理论研究方面，杨缅昆（2001）[④] 讨论了绿色GDP核算以及环境核算问题,。杨多贵等（2005）[⑤]、李健与陈力洁（2005）[⑥] 对绿色GDP内涵、理论进行了发展，探讨了绿色GDP的核算对策

---

① Giannias D, Charalambakis E, Sfakianaki E. Net Economic Welfare [M]. Springer Netherlands, 2014.

② Bartelmus P. Greening the National Accounts—Approach and Policy Use [J]. Internationalization of the Economy & Environmental Policy Options, 2001: 25-28.

③ Markandya A, Pavan M. Green Accounting in Europe—Four case studies [J]. Kluwer Academic Publishers, 1999 (11): 283.

④ 杨缅昆．绿色GDP核算理论问题初探［J］．统计研究，2001，18（2）：40-43.

⑤ 杨多贵，周志田．“绿色GDP”核算的国际背景及中国实践进展［J］．软科学，2005，19（5）：23-26.

⑥ 李健，陈力洁．论“绿色GDP”核算体系及其面临的问题［J］．环境科学与管理，2005，30（1）：1-4.

与措施。王金南等（2005）① 进一步提出了构建绿色 GDP 核算体系的原则与实践障碍。陈梦根（2005）② 复又对绿色 GDP 的两种计算思路展开研究，并对计算进行了更为详细的细化。

综上所述，绿色 GDP 的研究仍缺乏足够的基础，研究仍以实验与应用研究为主。绿色 GDP 理论的发展对绿色考核影响颇大，以绿色 GDP 思想为内核，嵌入政府绩效考核评价指标体系，仍是一项任重而道远的任务。

（三）绿色考核

1. 绿色考核

绿色考核，对地方经济供给侧改革影响巨大。在地方经济绿色发展转型初期，绿色考核可以约束地方政府更好地实现生态与经济协同发展的社会目标。绿色考核的重点应该是重视生态系统发展问题，有机联结产业经济系统与生态系统，在发展经济的同时，兼顾绿色发展。可以认为，这是产业经济系统与生态系统之间耦合的重要尝试，切合国家绿色转型的发展要求。系统之间耦合是指两个或两个以上系统相互依赖于对方的量度，相互依赖程度较高，可以认为耦合较好，反之，耦合不好。绿色考核的根本目的是要实现产业经济系统与生态系统耦合，彼此依赖，形成良好的绿色经济体系。所以，在绿色考核中，不能简单聚焦考核本身，而要聚焦绿色考核背后的核心目标与使命，这是绿色考核得以存在与运行的基础，是绿色考核机制发挥作用的关键要素。

① 王金南，於方，蒋洪强，等．建立中国绿色 GDP 核算体系：机遇、挑战与对策［J］．环境保护，2005（5）：56-60.

② 陈梦根．绿色 GDP 理论基础与核算思路探讨［J］．中国人口·资源与环境，2005，15（1）：3-7.

绿色考核在这一过程中的功能：首先，绿色考核需要调节不同社会系统内的意愿与行为；其次，绿色考核需要引导经济系统与生态系统内行为主体的意愿与行为；再次，绿色考核需要纠正经济系统与生态系统的行为偏差；最后，绿色考核需要促进生态系统和产业经济系统的耦合，这也是最为核心的功能与作用。经过对以往文献的梳理，结合现有研究，绿色考核可基本定义为在政府的周期绩效考核中，把生态绿色系统建设指标作为考核评价的重要内容，强化经济与生态约束性考核指标。绿色考核是以兼顾经济发展与生态保护为基本目标，其目标的核心要素是生态系统与产业经济系统，两者的耦合程度就是绿色考核的成果。在经济发展与生态保护系统中，多系统耦合机制交叉演化，两者彼此耦合，形成持续、紧密的要素耦合关系，共同推动经济发展与生态保护，共同实现专业链与产业链的有效衔接，共同促进经济与生态协调发展。

2. 绿色考核与边界理论

以勒温提出的“生活空间”概念为基础，企业边界理论（border/boundary theory）认为，① 所有能够影响我们行为的事件都包括在某一生活空间当中，并形成主体特有行为模式。目前，边界理论主要应用在解释企业组织员工行为问题上，且显著区分了异质性主体，并进一步形成了所谓的边界和分隔世界。分隔世界的实施使得主体情境内每个行为个体形成独特应对模式，迫使组织成员自行寻找相应解决之道。

边界理论指出，根据历史事件、观点态度及其他特点（如功能

① Garvey G P. Drawing a line in the sand：border/boundary theories and games [C], 2007：47-54.

上类似，形态上相近，或要素之间关联）而树立起的边界使得人们可以把现实生活划分出具有不同意义的系统。穿越不同系统边界的跨越者，可以随情境进行角色转换。人们如何选择、处理及协调跨系统行为模式，决定了其在多系统内的平衡状态。在不同的子系统中，人们所遵循的制度规则、行为模式等均不相同，其差异主要体现为价值文化与策略手段。人们在特定系统的周边创设与维护系统边界，主要是为了使系统环境有序化，保证主体能够专注于当前角色。①

绿色考核是生态系统与产业经济系统之间的耦合，需要跨越系统之间的边界，才能实现绿色考核的真实目的。想要跨越多个领域实现系统耦合，需要首先考虑边界状况。这对于生态系统与产业经济系统的耦合机制来讲，就决定了某一产业主体的优势，抑或是系统耦合本身的有向性。

从企业边界理论入手，绿色考核机制的实现，有赖于生态系统与产业经济系统两个子系统之间的耦合。绿色考核的效果，取决于生态系统与产业经济系统两个子系统之间的耦合效果，应该明确以下三方面系统耦合性质：首先，耦合的平衡性。绿色考核实际上是生态系统与产业经济系统的均衡考量，生态系统与产业经济系统受到历史事件、人员构成、观点态度等因素影响，超越原有边界，打破“分隔世界”的间隔，而形成较为稳定、多领域间的平衡状态。人们如何处理、协调及选择生态系统与产业经济系统内转换的行为模式，决定了其在绿色考核间的平衡状态，也就是以往生态—经济系统耦合研究中理想的拟合状态。其次，耦合的有向性。由于生态

① 滕飞．企业众创机制内涵及作用机理研究［J］．财经问题研究，2017（11）：92-97.

系统与产业经济系统边界渗透性、柔韧性未必是对称的，存在方向上的差异，取决于实际情境，所以在考核过程中可能存在一个子系统资源、知识与信息净流向另一子系统的情况。比如说，如果生态领域较容易向产业经济系统传递相关资源，那么绿色考核重点考核方向就要关注政府在生态领域引领产业经济系统发展中实施的一系列措施。这也是以往系统耦合研究中被忽视的问题。最后，系统耦合的有价性。当生态领域与产业经济系统渗透性和柔韧性较高时，边界越模糊，完成生态系统与经济系统耦合就越容易。系统耦合的有价性表明，不是所有的系统耦合都被接受。如果系统耦合成本大于耦合收益，这种系统耦合得不偿失，分开治理就是较为良好的政府治理模式。①

三、生态—经济系统耦合机理研究

（一）生态—经济系统耦合机理②研究

边界理论的相关研究中有两个核心概念：弹性意愿和弹性能力③。系统耦合问题可借鉴该理论，定义边界弹性意愿包括生态系统弹性意愿（主观上期望缩小或扩大生态系统边界以满足产业经济系统需求的意愿）与产业经济系统弹性意愿（主观上期望缩小或扩大产业经济系统边界以满足生态系统需求的意愿）两方面；定义边

---

① 滕飞．企业众创机制内涵及作用机理研究［J］．财经问题研究，2017（11）：92-97.

② 滕飞．企业众创机制内涵及作用机理研究［J］．财经问题研究，2017（11）：92-97.

③ Matthews R. A，Kath L. M，Barnes-Farrell J L. A short，valid，predictive measure of work-family conflict：item selection and scale validation ［J］．Occupational Health Psychol，2010，15（15）：75-90.

界弹性能力包括产业弹性能力（在客观上能够缩小或扩大生态系统边界以满足产业经济系统需求的能力）和教育弹性能力（在客观上能够缩小或扩大产业经济系统边界以满足生态系统需求的能力）两方面。当边界缺乏足够的渗透性时，生态系统与产业经济系统之间耦合性较差，则政府在经济发展中想要同时兼顾生态要素就会较为困难，就会投入更多资源才能实现更高水平的生态发展，在资源有限的前提下，必然导致经济系统与生态系统之间要取舍与牺牲，政府的绿色考核水平必然较低；当边界有着高度的渗透性时，生态系统与产业经济系统耦合较易，较高耦合水平利于系统之间的跨越及政府管理者的角色转换，也利于统一高效促进政策的推行，在节约资源与成本的情况下，政策会取得更多、更好的政策效果。

而这一过程，也与系统耦合的现实情境关系密不可分。弹性意愿产生情境需求，弹性能力产生情境供给。绿色考核的结果直接取决于生态系统与产业经济系统的耦合程度，抑或可以说弹性意愿与弹性能力的匹配程度。具体来讲，衡量系统耦合结果的好坏有两个重要指标：耦合水平与耦合质量。其中，耦合水平主要取决于弹性意愿被弹性能力满足的程度。即当弹性意愿水平恰好被弹性能力水平满足时，耦合水平较高；当弹性意愿水平未被弹性能力水平恰好满足时，耦合水平降低。弹性意愿与弹性能力的匹配不仅能够促使系统耦合易于发生，并且使得系统耦合也存在水平高低与质量优劣之别，这决定了系统耦合的结果（见图 6-1），也间接决定了绿

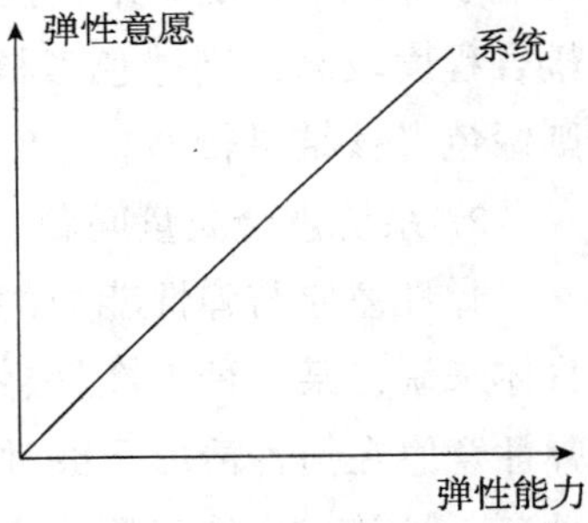

图 6-1　系统耦合机理

色考核水平。具体分析如下：

1. 系统耦合水平问题

情景需求与情景供给的匹配水平决定了系统耦合的实现水平。具体而言，当某一弹性能力的大小与对应的弹性意愿大致相等时（即“供求均衡”），二者较为匹配，能够实现与二者大小一致的系统耦合水平。当某一种弹性能力的大小与对应弹性意愿的大小存在差异时（或“供过于求”，或“供不应求”），二主体之间的“不完全匹配”形成的耦合水平符合“木桶理论”，即“就低不就高”，匹配水平与二主体之间较低数值保持一致。换言之，当某一种弹性意愿小于与之对应的弹性能力时（即“供过于求”），仅能够实现与此弹性意愿相同水平的系统耦合；当某一弹性意愿大于与之对应的弹性能力时，仅能够实现与此弹性能力相同水平的系统耦合。因而，若弹性意愿与对应的弹性能力在低值处实现匹配，系统耦合水平就低；反之，系统耦合水平就高。而系统耦合的水平直接影响了绿色考核的结果，换言之，在其他因素不变的情况下，系统耦合程度较高，则绿色考核结果较好；反之，系统耦合程度较低，则绿色考核结果较差。

2. 系统耦合质量问题

弹性意愿与弹性能力的匹配质量决定了系统耦合的实现质量。具体来说，某一种弹性意愿与对应的弹性能力的匹配质量取决于其弹性意愿在何种情形下被对应弹性能力所满足。这些情形可分为三种：一是某一弹性意愿大于对应弹性能力（即“供不应求”时），这势必导致系统耦合向这一方向的耦合效率低下、耦合效果不佳的局面，最终使得向这一方向的耦合质量较差。二是某一弹性意愿小于对应弹性能力（即“供过于求”时），这时弹性意愿得以满足，但对应弹性能力产生了冗余，而这种冗余代表着资源浪费，并不能促进向这一方向的系统耦合，所以系统耦合质量也较差。三是某一弹性能力恰好满足对应弹性意愿，此时弹性意愿与对应弹性能力水平大致相当（即“供求均衡”时），二者达到均衡状态，现有耦合资源得以全部被利用，因而，向这一方向的耦合质量最优。对应在政府绿色考核中，不仅要求生态系统与产业经济系统耦合水平，也要求生态系统与产业经济系统耦合质量要好，双重意义上的绿色考评结果，既满足了生态系统与经济系统协调可持续发展的诉求，也实现了系统耦合的经济性。

3. 系统耦合方向问题

在绿色考核考察的系统耦合问题中，存在生态系统→产业经济系统、产业经济系统→生态系统两个方向的耦合。所以，系统耦合方向上可能存在三种情况：一是生态系统→产业经济系统的耦合水平与质量优于产业经济系统→生态系统的耦合水平与质量，则系统耦合主要从生态系统→产业经济系统方向进行耦合，由生态系统占据主导地位；二是产业经济系统→生态系统的耦合水平与质量优于生态系统→产业经济系统的耦合水平与质量，则绿色考核主要从生态系统→产业经济系统方向进行耦合，由产业域占据主导地位；三是生态系统→产业经济系统、产业经济系统→生态系统的融合水平与质量大致相等，则绿色考核在产业经济系统与生态系统之间均衡互通，耦合较为均匀。上述三种情况可以概括系统耦合方向问题，但是并不存在哪一种情况更优的局面，系统耦合水平与质量才是衡量绿色考核优劣的重要标准。但是，系统耦合的有向性对于系统耦合来讲也存在现实意义，一方面，某一系统主导的耦合间接影响了系统耦合的内容和方式，也间接表明主导方系统耦合资源分配中的优势地位；另一方面，驱动被主导方强化系统耦合意愿与能力，系统耦合趋向达到更高水平均衡。

综上，体现绿色考核水平生态—经济系统耦合机制的优劣取决于两个重要因素：一方面，耦合水平取决于子系统的耦合程度，系统耦合由两个方向的弹性意愿与对应弹性能力的绝对水平决定（遵循“就低不就高”原则），可以认为两个方向的系统耦合水平之和反映真实的系统耦合水平；另一方面，系统耦合质量则要看弹性意愿能否被对应弹性能力所满足以及两者之间差距的大小。系统耦合的水平与质量显示了政府在治理生态系统与经济系统时的实际能力，可以作为绿色考核的核心参考指标。

（二）耦合机理对绿色考核的研究启示

综上，本章依据企业边界理论，详细梳理了绿色考核的核心机制——系统耦合机制的作用机理，创新性地提出系统耦合的水平与质量，并按照绿色考核跨领域、多系统的视角解读系统耦合问题，明确了绿色考核内在的系统耦合机理。基于绿色考核机理的分析，想要实现高质量的绿色考核，需做好以下工作：

1. 绿色考核要提升生态—经济系统之间耦合的弹性意愿

在行政改革实践中，政府绩效评估作为一种先进的管理机制、技术和工具，对于提高政府工作效能起着巨大的推动作用。而在政府绩效评估问题中，绿色考核是政府未来工作的主要努力方向。绿色考核表明了这样一种趋势：政府从单纯重视地方经济效益到开始关注生态环境因素的潜在经济效益。由于政府考核导向要求促进生态系统与产业经济系统耦合，将生态理念融入产业发展中，显著提高了生态系统本身的针对性与应用性。同时，对现有生态系统而言，密切联系产业资本，可以更好地服务社会，协同产业经济发展。这种正向作用对产业资本参与环境建设产生了显著的正向影响，也对政府执政理念起到了导向作用。

通过对绿色考核机理的研究，无论是主观上期望缩小或扩大生态系统边界以满足产业经济系统需求的意愿，抑或是主观上期望缩小或扩大产业经济系统边界以满足生态系统需求的意愿，这种有方向性的意愿流动都会促进产业资本与生态保护的耦合，而系统之间的耦合反过来又会促进两个系统的耦合意愿进一步增强。

建立在绿色考核背景下，引领生态—经济系统耦合意愿实现与落地，形成循环往复的意愿增强过程，会不断促使系统耦合程度加深，进而达到政府绿色考核的目的，形成生态—经济系统共赢的良好局面。

以往研究发现，片面强调生态保护的政府绿色考核机制往往效果不佳，背后的原因可能是因为产业经济主体缺乏生态保护的动力，看不到生态保护的经济效益，生态—经济系统耦合参与意愿不足，从而进一步导致系统耦合水平较低，耦合质量较差。这种情况下，地方政府绿色考核结果往往不佳。若这种情况持续发展，某一方参与意愿不够，必然导致产业经济领域内各参与主体之间的经济博弈发生，进而进一步影响，导致各方弹性意愿下降。从政府角度而言，这种恶性循环对绿色考核的实现目的是极为不利的。所以，提升政府绿色考核水平，首先要提升生态—经济系统耦合水平与质量，而这与生态—经济系统之间耦合的弹性意愿是密切相关的。提升弹性意愿，可以从两个系统中参与主体的需求入手。

2. 绿色考核要提升生态—经济系统之间耦合的弹性能力

系统耦合需要面临多种不确定性风险，如产业升级风险、环境改造风险等。在这些不确定性风险中，部分来源于客观，部分来源于主观。这些不确定性风险不利于运用系统耦合的发展，同时也间接不利于政府绿色考核指标的达成。

首先，系统耦合参与动力因素中，两个系统内主体双方如何加强联系，形成技术上或知识上的互通，这是目前的主要瓶颈之一，这在某种程度上表明了系统耦合能力形成和发展方面的薄弱。

其次，系统耦合弹性能力提升仍缺乏可操作性的技术路径。我国可持续发展的发展理念深入人心，国家对于环境治理非常重视，但是将生态—经济系统有机耦合，形成协同发展的成功案例较少。究其原因，地方政府缺乏将两个社会子系统联系的经验，使得系统耦合缺乏权威性指导，耦合的主体职责缺失，部分短视主体以经济利益为先，导致资源很难投入到生态领域内，上述缺陷显著制约了系统耦合弹性能力的发展。加上政府对绿色考核本身未体现出实际的制度性安排，未明确考核指标体系，以支持生态—经济系统实现有效耦合，这都是弹性能力发展面临的现实困境。因此，从政府角度出发，制定系统耦合方面的相关政策和法律法规，引导产业资本与生态要素实现有效对接，将是提升系统耦合弹性能力的前提所在，也是绿色考核水平提升的前提。

在绿色考核言及的系统耦合问题上，生态系统与产业经济系统的参与主体既是倡导者，也是组织者、策划者、实施者。这样的生态—经济系统耦合，没有稳定而能力突出的参与主体将难以持久。如何使绿色考核落地生根并实现生态—经济系统有效耦合、可持续发展？从政府角度出发，这就需要建立绿色考核的长效机制，整合多方资源，形成优势互补，进而通过开放式的耦合机制促进合作的顺利展开。比如，政府组织企业进行生态考察、举办专题培训、聘请专家为生态经济出谋划策等，为生态—经济系统耦合培养适用人才、建设成熟模式等，都是对生态—经济系统耦合弹性能力的提升。

3. 绿色考核要实现生态—经济系统之间耦合弹性能力与弹性意愿的均衡发展

在绿色考核言及的系统耦合问题上，如果某一方弹性能力与弹性意愿差距过大，就会产生所谓的“供需失衡”，必然导致耦合质量显著下降。所以，系统耦合合作主体应选择既有意愿也有能力的主体参与，共同推进耦合机制，能力与意愿差距较大的主体都会妨害耦合机制。而这种妨害的后续反应会导致合作方耦合的弹性意愿进一步下降，最终导致系统耦合的失败。所以，任意参与主体应该具有较强的弹性意愿，并提供必要的弹性能力，为生态—经济系统耦合创造必要的条件，打开系统耦合的黑箱模块，争取生态—经济系统耦合成功，共同受益。如果双方系统耦合水平与质量差异较大，也必然会影响到整个系统耦合过程。

四、政府绿色发展考核指标设计

（一）政府绿色发展考核指标设计原则

从理论上讲，绿色考核指标体系应该有一系列的内在联系，符合生态—经济系统耦合的思想，提供定量化与定性化结合的信息，反映绿色考核核心思想。因此，绿色考核指标体系的设计应该符合以下原则：

1. 目的性原则

绿色考核指标体系的目的性原则是指绩效考核的统计数据要求真实、客观与目标性，不能因为主观原因造成目的偏差与偏移，需要如实反映绿色考核的实际目的。考核评价结果是选人、用人的依据。如若有违反绿色考核目的的行为，应视情节轻重，给予组织处理或党纪政纪处分。

2. 可操作性原则

为促进正确政绩观的树立，绿色考核指标不仅应该具有较为前沿的理论价值，同时也应具有较为典型的应用价值。政绩考核要突出科学发展导向，在绿色考核指标体系中，绿色考核观念既是政绩考核评价的导向，又是政绩考核评价的标准、依据和准则，所以应采用相对简明易用的统计指标和计算方法，凸显科学发展的绿色考核理念，兼顾经济发展与生态发展双重因素。

3. 跨系统性原则

绿色考核指标体系应体现出跨系统性，应设计系统间统一的计算方式，便于跨越目前边界较为分明的经济—生态系统，促使政府改进相关工作，从而加快地区发展。绿色考核的发展是一个动态的变化过程。在此基础上，将总体目标分解，形成分目标与子目标，与相应的指标集对应，共同形成绿色考核的核心体系。

4. 易比性原则

指标应尽可能采用国际上通用名称、概念、计算方法，利于比较；同时可选择典型、相对稳定的指标来衡量，在区域上、现状上、时间上使评价结果与过去便于比较。经济—生态系统结构复杂，具有多种主要功能，通过时间上与空间上的比较，可以反映各地区绿色考核的演进轨迹。指标体系也要最能反映城市生态环境保护的主要状态与特征，从而可以因地制宜地提出各项对策和措施。

（二）政府绿色发展考核指标设计

绿色考核评价指标体系的设计应该能体现生态系统与经济系统的耦合，从表面上表现为系统能力与系统意愿。综合上述考虑，绿色考核指标体系应包含经济能力指标、生态资源能力指标、经济意愿指标与生态意愿能力指标四方面。其设计指标如下：

1. 经济能力指标

经济能力指标，彰显了地方经济发展的实际能力和水平，我们可以从以下四个方面来选择指标。一是经济总量指标，又可以细分为工业总产值、农业总产值、服务业总产值等指标；二是经济速率指标，根据以往文献又可以分为工业总产值增长率、农业总产值增长率、服务业总产值增长率三个指标；三是经济效益指标，又可以细分为投资利润率、产值利税率、利用外资比率、社会劳动生产率、通货膨胀率五个指标；四是经济结构指标，又可以细分为产业占 GDP 比率、产业劳动力占劳动力比率、投资结构三个指标。

2. 生态资源能力指标

生态资源能力指的是政府的绿色考核的生态指标。首先，生态资源能力是指拥有或取得生态资源能力，并能带来实际效用的环境资源。地方生态资源能力越强，表明该地区环境控制能力越强，自然资源越丰富。生态资源主要包括土地、矿产、森林以及水等自然资源。资源是可持续发展进行的前提，也是经济发展的前提要素，从生态与经济耦合的角度出发，需要将生态资源纳入地方政府绿色考核指标体系当中。所以，在生态资源能力指标选取的时候，选取人均草地面积、人均能源生产及消费总量、人均森林覆盖率、人均绿化覆盖率、饮用水质达标率。

生态资源能力指标除应考察生态资源资产外，也应考察资源环境成本。资源环境成本是经济主体与环境保护对应经济利益的输出，本章采用环境污染损失与自然灾害补偿两个指标。环境污染损失指标在实践中需要考量防止与恢复污染引起环境退化的成本，也需要考量污染给人类生产和生活造成的负面后果，作为环境污染损失的价值总量。自然灾害补偿则是考虑破坏资源与生态环境带来资源环境价值的损失。

3. 经济意愿指标

建立绿色考核评价指标体系中，经济意愿指标反映社会对于发展经济的需求指标。这些指标表面上看似乎无关生态，只反映人的主观想法和客观情况，却对生态环境产生着较大的影响，也对绿色考核存在较大的影响。经济意愿指标主要是用来评价人对行业或地区的经济发展的作用和影响，包括人口特征指标、经济生活幸福感指标等。(见图 6-2)

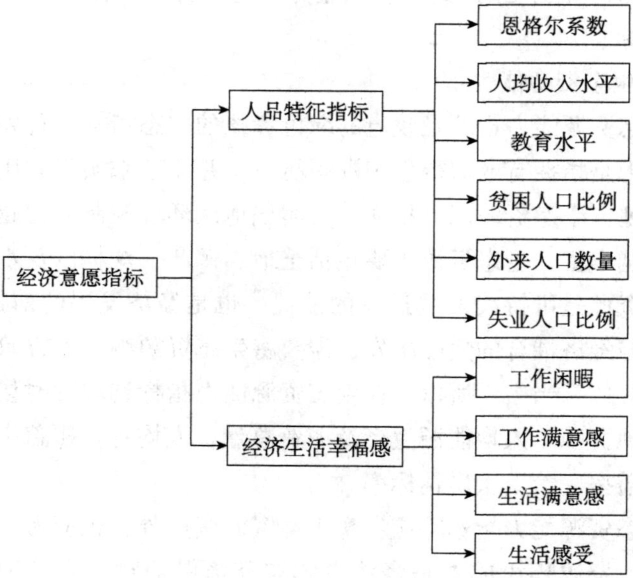

图 6-2　经济意愿指标集

其中，人口特征指标可以选取地区恩格尔系数、人均收入水平、教育水平、贫困人口比例、外来人口数量以及失业人口比例六个二级指标，代表地区人口特征，表现地区发展经济的人口意愿；经济生活幸福感包含工作闲暇、工作满意感、生活满意感、生活感受四个二级指标，表明对于经济生活的幸福感受。人口特征指标和经济生活幸福感指标共同构成了经济意愿指标。

4. 生态意愿指标

生态意愿指标是指经济主体在一定时期内保护、利用环境资产或用货币计量生态利益的存量流入。因此，生态意愿指标有两种类型：一方面是生态环境资源的直接收益指标，可以将自然资产消耗量等指标用以反映自然资产消耗情况，表现外化的生态环境资源意愿。另一方面是生态环境资源的间接收益指标，可以用地方病发病率、环境满意度、人均改善环境成本、人均健康成本来衡量生态环境资源间接收益情况。

生态意愿指标反映了地方改善环境、恢复生态的意愿，从直接指标来看，生态耗损导致的生态稀缺会加剧人们生态意愿指标提升，反之应下降；从间接指标来看，地方病发病率、环境满意度、人均改善环境成本、人均健康成本表现了地区人们对于改善环境的感受与想法。综上所述，生态意愿指标以往常常被忽视，地方政府在这方面的努力应会导致生态意愿指标的U型发展趋势，即当地方政府环境治理较好，生态意愿指标会有显著的提升，而地方政府环境治理较差时，生态意愿指标也会有显著的提升。

（三）政府绿色发展考核指标设计框架

综合上述观点，由经济能力指标、生态资源能力指标、经济意愿指标、生态意愿指标构建政府绿色考核评价指标体系，如表6-1所示。

表 6-1　政府绿色考核指标设计框架

经济能力指标		
一级指标	二级指标	内涵
经济总量	工业总产值 农业总产值 服务业总产值	地方经济发展的实际能力和水平
经济速率	工业总产值增长率 农业总产值增长率 服务业总产值增长率	地方经济发展的实际能力和水平
经济效益	投资利润率 产值利税率 利用外资比率 社会劳动生产率 通货膨胀率	地方经济发展的实际能力和水平
经济结构	第一、二、三产业占 GDP 比率 第一、二、三产业劳动力占劳动力比率 投资结构	
生态资源能力指标		
一级指标	二级指标	内涵
生态资源资产	人均草地面积 人均耕地面积 人均矿产储量 人均水资源拥有量 人均能源生产及消费总量 人均森林覆盖率 人均绿化覆盖率 饮用水质达标率	环境资源能力
资源环境成本	环境污染损失指标 自然灾害补偿	环境保护对应经济利益的总流出

续表

经济意愿指标		
一级指标	二级指标	内涵
人口特征	恩格尔系数 人均收入水平 教育水平 贫困人口比例 外来人口数量 失业人口比例	基于人口特征的经济意愿表达
经济生活幸福感	工作闲暇 工作满意感 生活满意感 生活感受	地方人口主观感受
生态意愿指标		
一级指标	二级指标	内涵
生态环境资源的直接收益	自然资产消耗量 自然资产耗减速率 非生产自然资产消耗率	
生态环境资源的间接收益	地方病发病率 环境满意度 人均改善环境成本 人均健康成本	地方人口感受

（四）绿色发展考核指标设计的启示

1. 绿色考核不仅需要考核地方实际治理现状，也需要明确民众的实际意愿

李克强总理曾在 2015 年国务院全体会议中指出，要把人民的意愿和关切作为政府工作重点和着力点。尊重人民的意愿，才能更好地体现地方工作实效。从系统观出发，辩证地看待地方政府的主

观努力与客观条件，既要看现实的发展成果，也要看发展的民众意愿和民众想法，在考虑发展实际的同时，关注系统成本与代价；既注重考核显性的经济发展抑或生态发展效果，又注重考核实现民众意愿的效果，真正实现绿色考核的初衷。

2. 绿色考核要实现定性与定量的结合

绿色考核模式，强调经济系统与生态系统的耦合性，必然要防止传统考核评价中以 GDP 为主的政府考核模式，打破“唯 GDP”论，放弃粗放的经济发展方式。传统的方式片面强调量化的指标体系，可能造成部分地方政府夸大、造假统计数字等问题。绿色考核更应该强调客观统计数据与主观民众感受相结合的考评方式。如选取的幸福感指标、满意度指标就体现了民众的实际需求满足情况，也从客观上体现出绿色考评中的人文关怀，另一方面也避免了数据造假、夸大事实等情况的发生。互联网高速发展的今天，这种考评方式存在实现的基础与可能，或许可以尝试在地方政府考评中体现定性和定量结合的绩效评价方式。

3. 要注意绿色考核的系统边界、能力与意愿的衔接与协同问题

生态系统建设重点处理民众与生态系统之间的关系，跨越系统边界需要耦合能力与耦合意愿的一致性与统一性；生态系统、经济系统由于具有自然边界，环境问题抑或是经济问题，多是系统之间的冲突与矛盾，所以要注意协调与衔接的实际问题。因此，绿色考核要强调地方政府的作为与实际，更应该注重考核的长远目的。所以，保持系统之间、能力之间、意愿之间的协调性与统一性，更好地实现绿色考核的目的，是实现绿色考核必要的准则。

五、地方政府绿色发展模式研究

长期以来，我国对于绿色行政建设高度重视。各级政府在环境

治理中起主导作用，是问题的关键所在。因此，从地方政府治理角度出发，探讨绿色行政在环境治理中的基础定位及对策分析，借此明确我国地方政府在经济建设与环境治理中的功能及定位，十分必要。

（一）地方政府绿色发展的内涵与定位

近几年，各地政府在发展经济的同时，也意识到生态保护的重要性，纷纷提出绿色行政建设计划。但是，绿色行政在我国发展仍因为以下原因发展缓慢，一方面，由于绿色行政概念的模糊性，缺乏系统理论研究；另一方面，片面追求经济增长的发展模式还未改变。本章探索生态系统与经济系统耦合的问题以及存在的边界和后续启示，这是绿色行政建设的出发点。

绿色行政要涉及以下核心概念。(1) 绿色法治就是要将生态、绿色、低碳、循环的理念贯彻到法治建设中，在绿色发展、绿色职能等绿色体系中体现法治要素，在法治建设中体现生态诉求。(2) 绿色职能是实现绿色行政建设的有效途径，是绿色行政的行政保障，是政府体现生态建设核心思想的具体抓手。(3) 绿色服务是指政府在政策、信息、流通、科技、金融、法律等基础服务的过程中，体现绿色要素，实现经济与生态协同发展。(4) 绿色行为是指政府建设中行为的绿色化、生态化，体现为绿色采购、绿色招标、绿色规划等具体行为，是绿色行政的行为体现。(5) 绿色考核则是绿色行政的红线，是监管的基础，是绿色行政落地的保障机制。

绿色行政要求低消耗的生产体系，适度消费的生活体系，经济持续稳定增长的经济系统，也需要绿色环保、和谐友善的生态系统，保证社会效益与社会公平的绿色社会体系，不断创新，发展新技术、新工艺的生态体系，合理开发、防止污染、倡导和谐的绿色文化则是绿色行政建设的基础。绿色行政的核心是通过制定科学的、符合生态规律的发展方针、发展战略与发展规划，在发展经济的同时，注重保护生态环境，实现可持续发展。

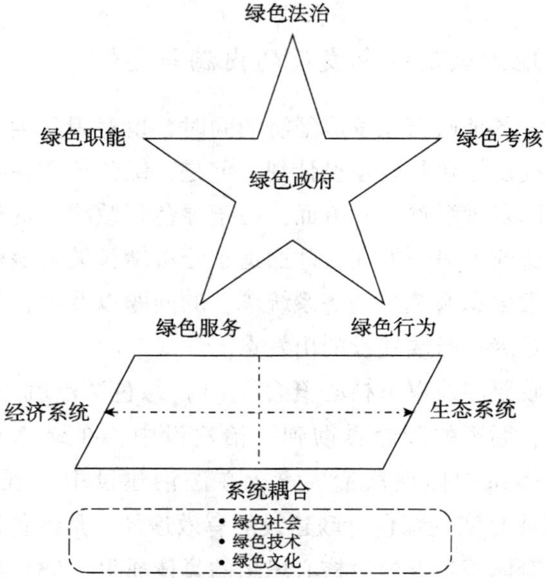

图 6-3　绿色行政的内涵

（二）地区定位与政府治理重点

在传统环境治理中，单纯借助政府的公共行政权力解决突出的环境问题，但它的弊端显而易见，即地方政府将经济发展等社会职能与环境治理的社会职能分离，将其作为一个单独的社会管理模块，这种割裂的做法导致经济与环境冲突的社会问题更加突出。单一治理模式需要转变为多元治理模式。所以，在治理策略上，不仅要重视环境保护，也要注意生态系统与其他社会系统之间的耦合效应。要想善治，采用多元治理模式必不可少。而坚持多元治理的模式，必然要对各地方的实际情况进行必要分析。基于此，可将地区定位为以下几种情况：

1. “生态脆弱型”地区

“生态脆弱型”地区是人类经济活动与生态环境结合的过程中，生态系统抵御外部干扰能力低，生态系统恢复能力差，环境退化、水土流失、水资源短缺、土地生产力下降的区域。

在我国，生态脆弱地区遍及全国，约占到国土面积的 15.3%，而这些地区中很多地区资源丰富，又属于资源富集区。“生态脆弱型”地区由于普遍欠发达，“开发”意愿较为强烈。如果贫困问题与生态脆弱高度耦合，“生态经济鸿沟”与“发展鸿沟”将互为因果，特定区域将呈现生态与经济恶性循环。破解这一困境的途径是塑造生态与经济互相促进的生态型产业结构。同时，区域外部性的存在，使得可持续发展不单单是区域自身的问题，必须重视区域外部影响。

“生态脆弱型”地区环境问题多较为突出，具体表现为植被生态系统的破碎化、群落结构的复杂化等。在人类活动多重胁迫下，“生态脆弱型”地区区域环境结构与功能退化，地区环境资源再生能力消退,而“生态脆弱型”地区生态环境的外部影响对于整体与其他区域又具有重要意义。首先，“生态脆弱型”地区生态环境大都具有典型过渡性的特征，加之所处区域位置的地理环境分异性与生态系统的独特性，对区域整体生态系统具有关键的战略意义。其次，地理上整体性与联系性，使得“生态脆弱型”地区环境外溢效应显著。由于政府财政的约束，“生态脆弱型”地区政府也往往缺乏能力进行大规模的基础设施建设与生态环境治理。因此，“生态脆弱型”地区面临两大障碍：其一，“生态经济鸿沟”矛盾，即所谓“经济不生态，生态不经济”的二分逻辑；其二，在主体功能区的制度背景下，地方政府普遍存在发展愿望，但是不同区域的区位和生态特点决定了其相应的主体功能定位和发展目标，生态环境保护是经济发展的“强约束”。

“生态脆弱型”地区面临着各种矛盾的冲突。在无政府整体约束的条件下，个别地方政府及部门领导往往会因地区的短期利益而牺牲长远利益，即暂不考虑“生态脆弱型”地区的生态承载能力而盲目进行经济开发活动，以破坏求发展，加剧了生态环境的恶化，使得“生态脆弱型”地区生态治理工作愈发困难。常见的生态问题，如水土流失、荒漠化、草地退化、生物多样性受到严重破坏等，进一步引发一系列社会问题，形成明显的区域负外部性。而这种影响的消除又需要相对收益更多的经济投入来抵偿，陷入资源诅咒的困境中。

基于上述分析，“生态脆弱型”地区应限制开发，选取发展环境友好型经济产业，明确和强化“生态脆弱型”地区在区域整体布局中的生态定位与生态扶贫方式，跳出“生态脆弱—贫困—掠夺式开发—生态环境进一步恶化—更贫困”的恶性循环困境。

2. “经济落后型”地区

“经济落后型”地区一般都具有以下特点：一是 GDP 较低。GDP 总量小，地区经济结构调整仍然滞后，地区经济主要依靠相对落后的第一、第二产业，农业产业化水平相对较低，工业产业不发达，地区服务业的发展也停滞不前，从而影响地区经济实力的提升。二是发展速度迟缓。非农产业发展滞后，区域内各大产业普遍发展速度偏慢。三是“经济落后型”地区产业规模总量偏小，产业运行质量偏差。从总体的经济结构来看，双低的产业结构导致地区既缺乏骨干工业企业，又缺乏规模商贸物流企业。四是区域内部发展不平衡。经济落后地区内部也极易出现分化的产业发展格局，某些区位差的地区农产品加工业数量少、规模小、运输条件差，贫困发生率高；相对区位好的地区更容易吸引经济资源，造成地区内部发展差异。五是科技水平低，人才集聚能力差。长期忽视现代科学技术的发展和应用，导致地区科技进步慢，引资能力差，技术、设备、工艺落后，进而导致经济增长质量不高和效益不高、产品缺乏竞争力。相应地，本地知识性、技术性人才呈现净流出的态势。因此，“经济落后型”地区地方政府发展经济的任务十分繁重。

没有良好的经济基础，解决不了贫困问题，也无法解决环境治理问题。在“经济落后型”地区，资源优势体现较为明显，科学利用现有资源、把握现有资源、开发现有资源成为“经济落后型”地区政府经济发展的必由之路。合理开发、利用环境资源，形成资源—环境—经济协调发展的健康模式，是地方政府的重要课题。所以，既不能粗放式开采以破坏环境为代价发展经济，也不能单纯为了环境生态保护，而放弃发展经济、民生，“经济落后型”地区地方政府要在这一过程中善于利用资源发展经济，改善民生。

（三）差异化定位下政府绿色发展模式

1. “经济落后型”地区

（1）加强顶层设计，与沿线各地形成差异化竞争，在扩大对内和对外开放中加快产业结构调整，增强发展内生逻辑。

政策发展源于实践。改革之所以取得成功，释放出巨大的经济社会活力，关键在于对基层实践经验的总结。尊重改革创新的理念，鼓励地区“先试先行”，重视地区生产实践，是推动地区摆脱落后局面、不断改革的关键。

改革攻坚期“经济落后型”地区“顶层设计”既需要政府合理谋划，也需要企业与创新者坚定发展的思路，涉及财税金融、价格、收入分配、事业单位和政府自身等方面。要发挥国家政策红利，必须推动改革在重点领域和关键环节的突破，从而为地区发展创造机会和有利条件。

发展“经济落后型”地区必须将惠及当地群众作为重要考核标准，集纳民智，整合民力，凝聚最广泛的共识，为地区建设“经济落后型”地区提供源源不断的强大动力。

在此过程中，解决好“一带一路”建设沿线的地区建设“经济落后型”地区问题，需要进一步加强顶层设计，完善政策措施，推进体制机制创新，统筹发展相关产业。近期，我们应立足实际，着力处理好以下几个关系：一是处理好邻国、我国关键节点地区、地区之间的关系，更加注重巩固地区发展的基础性地位；二是处理好地区数量增长与调结构、提质量的关系；三是正确处理好“一带一路”整体发展与个体地区发展之间的关系；四是正确处理好政府、社会、市场之间的关系，更加重视发挥社会力量在申请“经济落后型”地区过程中的主体作用；五是更加注重建设差异化“经济落后型”地区的战略中信息化、专业化和标准化的建设。

（2）建立良好的融资渠道，为摆脱落后的经济发展局面服务。欠发达地区缺乏发展资金，建立良好的融资渠道，引入“活水”将改善这一局面。

拓展“经济落后型”地区的融资渠道，发挥政府在“经济落后型”地区投资中的金融政策建设作用，建立健全“经济落后型”地区投资机制。建立健全地方投资机制历来是地方政府部门重视的工作，这也是鼓励“经济落后型”地区投资的重要内容，建议允许引导银行适当投资创业企业，拓宽“经济落后型”地区在申请、建设过程中资金来源。延续投资、融资政策的同时，进一步拓宽创业资本来源渠道，鼓励金融机构提供小微贷款，支持企业创业发展。

（3）完善人才引进、激励政策，多渠道培育人才。推动“经济落后型”地区摆脱落后局面，需要各地区政府进一步完善本区域内人才激励政策，强化政府对科技创业的支持。第一是解除束缚，解放人才，要通过政策调整和激励措施，鼓励科研院所、技术人员、高校毕业生投入“经济落后型”地区的建设中，以技术入股和管理入股，合作创业等，从政策上免除其后顾之忧。第二是坚持引进、培养产业领军人才，把领军人才、拔尖人才吸引到地区来创业，把先进技术、专利成果招引到本地区来转化，让本地区经济发展驶入快车道。第三是多渠道培育适用人才。我们要大力发展职业教育，加紧建立配套的职业教育体系，按照“经济落后型”地区的实际需要树立有针对性的教育理念，创新教育模式。

努力营造更好的人才发展环境，进一步完善人才引进的政策，为引进的高层次人才在户籍迁移、配偶安置、子女入学、医保社保、职称评定等方面提供优惠政策，努力做到“事业留人、感情留人、待遇留人”。完善人才激励政策，将物质奖励与精神奖励相结合，将短期奖励与长效激励相统一，完善人才选拔奖励制度。进一步拓宽选拔人才的视野，不拘一格选拔人才。不断激发各类人才的创造活力，继续完善“突出贡献人才奖”等各级各类人才奖励制度，努力做到一流人才一流待遇、一流贡献一流报酬、一流能力一流岗位，不断激发各类人才的活力。

牢固树立“人才资源是第一资源”的理念，按照“人才优先、创新机制、整体开发”的方针，完善人才流动机制，实施人才培养创新、人才创业扶持、人才投资优先等引才聚智政策措施，最大限度激发人才创造活力与创业热情，使人才创业有契机、干事有舞台、发展有空间。坚持招才引智与招商引资相结合、政策支持与环境优先相结合、感情投入与资金投入相结合，用人才、项目、市场撬动产业转型升级，促进高层次人才、高科技成果、高新技术产业“三高联动”，逐步走上以高层次人才催生新兴产业、以人才集聚促进产业集群、以人才结构调整推动产业转型的道路，为提升地区自主创新能力、推动经济转型升级提供强力支撑。

（4）承接产业转移，形成差异化竞争优势。中西部资源富集区可以依托地区相对丰富的土地与相对廉价的劳动力、资源等优势，推动东中部传统重点产业到本地参与投资、发展，进一步壮大本地新兴产业的产业规模与基础，加快调整地区产业结构，培育地区产业发展，构建地区现代产业体系，有选择地承接产业转移。

第一，资源深加工业。以环境约束为前提，加快淘汰落后产能，多种途径发展资源开发与精深加工产业。

第二，劳动密集产业。充分发挥人力资源优势，承接、改造与发展劳动密集型产业，改造升级传统产业，建设劳动密集型产业转移园区。

第三，高新装备制造业。积极承接关联产业，引进先进技术，加大技术改造力度，发展、壮大高新装备制造企业。在此基础上，加快企业兼并重组，鼓励有条件的企业联合发展新能源、节能环保等装备制造业。

第四，农产品精深加工业。转变农业的发展方式，完善农产品流通体系，发展农产品精深加工业、生态农业以及农业旅游业，提升农业产业化水平。

第五，高技术产业。发挥开发区、高新区的示范带动作用，鼓励加强与沿海地区创新要素对接，承接发展生物、航空航天、新能源等战略性新兴产业，大力支持区域内总部经济的崛起，支持建立高新技术园区，促进创新成果转化与知识产权的转让。

第六，现代新兴服务业。依托省内省会等中心城市及自主创新示范城市，适应互联网+时代居民消费结构升级的新形势，发展财务、商务策划中心等外包中心，承接BPO、物流、猎头、外包装等产业，培育信息服务、科技成果转化等中介服务型企业，推动服务业与制造业有机融合。

（5）优化产业布局，为承接产业转移改善经济环境。把产业园区定位为承接产业转移的平台与可容载体，引导产业转移，向区域产业园区集中。增强园区综合配套能力，加强园区配套基础设施建设，引导产业集聚，这也利于环境的监管和资源的集约利用。充分发挥关键产业和重点骨干企业的主导作用，促进区域分工和社会合作的专业化、差异性，吸引产业链的整体转移，协调相关产业转移，提高配套能力。

2.“生态脆弱型”地区

（1）加强规划与区域环境保护。强化行政管理手段的力度。严格管控环境污染产业的准入门槛。产业承接规划要符合区域生态定位，高耗能、高排放等产业项目严禁引入，避免低水平、粗放式的低标准产业复制，执行有关能耗、环保、土地等标准，加强承接产业转移中的环境监测。

促进资源的集约利用与经济利用。保护耕地资源，进一步制定详细的、有针对性的建设用地控制规划，加大土地投资力度与土地利用程度。建立和实施节能环保产品、生产工艺建设标准，降低单位产出能耗。加强污染防治和环境保护工作，推进清洁生产，加强工业园区污染的集中控制与集中排放，加大对企业清洁生产的审核以及监测，建设完善的考核体系，实现工业废弃物的循环利用。着力改善生态环境，加强对生态系统的保护。

（2）实施分区开发建设与阶段性发展相结合的方针。现实中，“生态脆弱型”地区往往既属于经济发展水平较差的地区，也属于生态脆弱地区。在进行生态旅游时，需要采取定线、定量的管理办法，不得越过政策红线，特别是在生态脆弱区以及缓冲区内。所以，分区开发建设、阶段性开发是合理的途径。

“生态脆弱型”地区往往都依照产业进行分区规划。在分区规划中，生态脆弱地区与生态缓冲区要严格限制产业破坏，实行最严格的生态保护措施。而在生态相对较好的地区实现有限度的开发与建设，例如生态旅游、生物科技等。分区开发建设不仅可以解决区域内经济发展的问题，也是更好地保护生态、实现可持续发展的基础与前提。

此外，阶段性发展也是生态脆弱区的良好发展思路。在经济欠发达的基本状况下，引入环境友好产业，逐步积累，以相对合理的人才战略和相应的配套战略逐步形成某一产业的产业集聚，并逐步在边发展边治理的思路下形成价值集聚，逐步向价值链高端发展。这一过程可能较为漫长，一方面需要地方政府足够的耐心进行合理布局，另一方面也有赖于国家对于“生态脆弱型”地区进行扶持，帮助“生态脆弱型”地区治理环境、扶贫致富。

（3）加快生态建设一体化。生态建设是相关思想指导下的生态文明观的整合，以实现社会进步过程中人与自然和谐为建设目标。促进生态与社会协同发展，其实质是协调人与自然之间的关系，这是推进生态文明建设的核心原则。生态环境是人类生存与发展的外部基础。作为自然界的一部分，人与自然地位平等，所以人类的生活和生产应尊重生态自然环境的存在价值，遵循自然规律。同时，应该摆正自己的位置，力求人与自然和谐共生。

加快生态建设一体化可以采取以下两种做法。

其一，完善生态法制政策体系。在生态规划和建设的监管过程中，以完善规范体系为准绳，以人与自然之间的和谐关系为监管起点，加快修订环境保护法案，进一步明确环境产权的边界，建立与完善环境资源管理监管职能，严格执行环境问责制，增加对环境违法行为的惩罚，逐步形成完善的生态法律制度体系。

其二，建立资源保护管理制度。首先，应该建立节能环保的政府激励机制。通过节约能源和保护环境的绩效考核措施，完善绩效考核相关指标，以定量指标与考核方法，对节能环境保护进行奖惩，建设问责机制与约束机制，完善排放交易体系，促进资源节约型和环境友好型社会建设。其次，建立生态环境预防、监测和预警系统。通过先进的生物、地理、环境和计算机网络技术，对农业、生物、地质的变化趋势进行有效监测，形成综合生态环境质量的动态数据库，整合监控信息资源。最后，加大财政扶持力度和监督管理力度。增加环保资金投入，逐步形成环保财政投入的稳定增长机制，积极鼓励企业、信贷机构和社会为发展循环经济提供资金保障。进一步建设监督管理制度，引入第三方进行环境监管。

3. “极不发达”资源富集区

(1) 科学规划发展极，兼顾生态、经济发展。全面科学地编制地方总体规划。建议由地方政府牵头，协调各地区之间按照统筹兼顾、综合开发的原则，共同编制经济社会发展总体规划和农业、工业、水利、国土、生态等专项规划，并将规划用法律的形式确立下来。统筹地方重大产业布局、基础设施项目、环境保护、土地利用和城镇化格局，增强区域可持续发展能力。创新管理体制，整合各方资源，打破行政壁垒，推进区域经济一体化、生态保护一体化、资源管理一体化。杜绝各自为政、无序开发的发展模式，避免重复建设、浪费资源、破坏生态。

在这一过程中，按照发展极理论合理布局，加快建设生态经济示范区，打造生态经济增长极。加快转变经济发展方式，核心是要发展，关键是要选准路径。

生态与生计兼顾，把绿起来和富起来结合起来。一是扎实推进生态基础性工程，实现绿化美化、水源涵养的目标。继续实施好国家生态保护工程、公益林造林等林业重点工程，全面完成年度生态建设任务。[①] 抓好生态脆弱地区的生态保护工作。二是集中力量推进产业发展目标。集中财政力量，完成市政设施建设等公共事业建设，在实现美丽地方、绿色地方的建设目标上迈出新步伐。三是兼顾生态、经济发展，实现绿起来并走出去致富的目标。争取国家对地方产业发展的补贴，积极申报国家扶持项目，争取旅游业等绿色产业的发展机会，在改善生态环境、优化农村产业结构、加快贫困地区农民脱贫致富、促进农村经济发展方面发挥积极的作用。

（2）坚持培育地方特色文化，以乡情为纽带，支持地方经济发展。突出“极不发达”资源富集区地域特色，促进文化产业繁荣发展，充分利用和挖掘地方自然、历史文化资源，以文化丰富旅游内涵，促进文化与旅游深度融合，对于加快转变经济发展方式、促进经济结构战略性调整、增强地方文化软实力具有积极意义

发挥传统文化在农村遗产中的古老优势，应充分利用农村家庭、匾额楹联、俗语谚语等农村教育资源，使优秀传统活起来，潜移默化地影响农民的价值取向和道德价值观。按照核心价值观的要求，制定和完善农村居民的规章制度，明确正确的价值取向，使农民有内在的标准和行为准则。开展广泛的乡风评议活动，充分发挥村委会、道德评议会、红白理事会等组织作用，引导农民自我约

① 韩永东．加快发展生态经济提升生态文明水平［N］．青海日报，2015-01-06.

束、自我管理，提升自我。在农村广泛开展志愿服务活动，以农村社区为基础，关爱农村留守妇女、留守老人、留守儿童，重点做好村寨的志愿服务，营造良好的氛围。文明村风的培育既需要积极引导，又要突出问题的整治力度，在农村地区，打击封建迷信、非法宗教，打击黑恶势力和犯罪，激浊扬清。①

地方文化，贴近当地农民，包含爱国、善良和崇德向善的力量。继承和发扬优秀地方文化，并从中提炼出时代的精华和思想，赋予新的时代内涵，这与社会主义核心价值观的培育相统一，也适应美丽乡村建设。要以怀旧为纽带，吸引各行各业的本地成功人士支持农村建设，以自己的专业知识、创业经验来培育家园，支持家乡的发展，建设美丽的农村。②

文化建设是建设美丽农村的重要组成部分。要以贯彻落实中央加快现代公共文化服务体系建设的“意见”作为刚性要求，加快农村文化服务设施建设，提高文化产品和服务供给，促进基本公共文化服务标准化、均等化，维护和发展农民基本文化权益。

（3）培育企业自主创新动力。企业自主创新和人才培养，是我国建设区域创新体系的重要组成部分，但人才总量不足和产业工人的素质结构不适应的现实，已经成为制约区域创新能力的发展瓶颈。加强技术工人素质、自主创新能力以及综合能力，已成为欠发达地区推进创新能力建设的迫切任务。应采取以下措施：

一是改善劳动者待遇，形成激励机制。首先是通过政策保障与法律保护，提供劳动者应有的劳动尊重与物质福利；其次是在工

---

① 杨军剑．新时代优化乡风文明实践的机制探析［J］．决策探索，2019（1）：31-32.

② 杨军剑．新时代优化乡风文明实践的机制探析［J］．决策探索，2019（1）：31-32.

资、住房、医疗方面考虑劳动者的现实需求，提高其社会保障标准；再次是增加高级技师的最低工资水平，使工人得到充分激励；最后是考虑提供专项资金和财政资金补助，奖励熟练技术工人，通过股权等方式向高技能技术工人提供奖励。

二是建立有效的技能型人才培养体系。首先是加强技术培训，明确职业培训对象的责任和义务，以及培训的方法和程序，培训制度化的实现可以促进职业培训建设；其次是允许企业根据他们的生产和用人需要，进行自我培训或委托社会力量培训，扩大一线技术工人人才培养渠道；再次是尝试建立培训券制度，按一定的比例分配给参加培训的人员消费，以实现职工教育培训的特殊使用，提高企业的资金使用效率。

三是形成政府与民间资本合作的培训体制。首先是要按照市场原则，加大对培训机构的扶持经费投入；其次是建设政府培训经费预算制度，纳入政府的财政年度预算，保障社会技能培训经费落实到位。

第七章 地方政府绿色发展动力生成路径及保障机制

一、完善生态文明建设法律法规体系

加快完善生态文明制度体系，用制度来规范和激励地方政府积极参与生态文明建设。我国法律是以宪法为统领，以基本法律为核心，以法律和行政法规为重点的系统。因此，需要将生态文明建设纳入宪法、基本法律、法律和行政法规之中，形成有机联系的统一整体。

（一）发挥宪法对生态文明建设的统领作用

宪法是一国的根本大法，其规定了国家的根本制度和任务，拥有最高层次的法律约束力。我国宪法是全国各族人民、政府机关、武装力量、政治党派和社会团体、企事业单位都必须遵循的根本活动准则。因此，要完善生态文明建设的法规体系，必须先在宪法中予以确认。

习近平总书记在十八届中央政治局第一次政治学习时指出，“我们要协调推进政治建设、文化建设、社会建设、生态文明建设以及其他各方面建设。生态文明建设在我国经济社会发展中的地位和作用日益凸显。特别是党的十八大在中国特色社会主义事业总体布局中加入生态文明建设，使生态文明建设的战略地位更加明确”。

根据当前生态文明建设在我国经济社会发展中的战略地位，可以进一步充实宪法序言中的国家战略目标部分内容，将其修订为“推动物质文明、政治文明、精神文明和生态文明协调发展”。发挥宪法的统领作用，为推进生态文明建设提供宪法保障和制度基础。

（二）建立完善的生态文明法律体系

制度的评估、修正与调整是强化政府生态职能和生态责任重要保障，所以，生态文明建设亟待建立健全生态文明法律体系，具体如下：

1. 确立生态立法的理念

我国现阶段，关于生态文明建设的立法，仍处于主要强调资源开发与环境保护的阶段。进一步讲，中国的生态文明建设立法还不是生态性的立法，而仅仅为环境性的立法。生态文明建设的立法理念是要让生态文明建设理念变成各个领域立法工作的灵魂。换言之，其他的各种立法皆须表达出生态文明建设理念，促进各个领域的法制建设步调一致，为生态文明建设服务。此外，要循序渐进地完善生态违法犯罪的界定与定性，并借助立法理念的变化促进政府持续提高其与生态文明建设有关的管理水平。

2. 整合和完善我国的生态文明法制体系

从 1978 年的改革开放以来，中国已制定出多部环境法规和环境规章，形成了生态文明管理的法制系统的雏形。然而，在立法方面存在的显著问题使配套的立法工作进展较为缓慢，目前已有的生态文明法规滞后于社会的发展，因此造成生态文明建设职能的执行呈现出了一些困难与某些障碍。所以，制定出各个方面的生态文明法律制度，尤其是在保护中国特有的生态与旅游资源方面应该将立法进程提速，从而有利于生态文明建设切实实现有法律可以依照和执行。中国的生态文明法制建设尚未形成深厚而全面的理论体系，目前的生态文明法律和制度存在着法条之间的互相冲突等问题，导致在生态文明建设中出现执法困境。所以，现行的生态文明建设法律法规体系必须再一次进行有效整合，把立法、改法与废法这些形式结合起来，对已经成型的法律与制度重新调整，以保证生态文明法制的严肃性与一致性。

3. 确立《环境保护法》在生态文明建设制度体系中的基本法律地位

《环境保护法》可以作为我国生态文明建设的基础法律，是基于以下原因：一是《环境保护法》的立法目的就是“保护和改善环境，防治污染和其他公害，保障公众健康，推进生态文明建设，促进经济社会可持续发展”。二是我国《环境保护法》对环境作了较为宽泛的表述，且其覆盖范围涵盖中华人民共和国领域和中华人民共和国管辖的其他海域。三是从《环境保护法》的制度规定看，其构建了较为完整的制度体系，包括环境监测制度、目标责任制和考核评价制度、生态保护补偿制度、环境保护责任制度、污染物总量控制制度等，对生态文明建设起到了重要的支撑作用。基于上述三方面原因，应该在生态文明建设制度体系中将《环境保护法》确立为基本法律。

因此，明确《环境保护法》的基本法律地位，将《环境保护法》作为水污染防治法、大气污染防治法等法律制定的依据，对于完善和构建生态文明建设法律体系，具有提纲挈领的作用。

4. 制定《生态文明建设促进条例》

应研究起草《生态文明建设促进条例》，紧密结合十八大、十八届三中全会精神，根据《中华人民共和国环境保护法》《中华人民共和国土地管理法》等有关法律、法规，及时通过立法形式把相关部署和要求制度化和法制化。

党的十八大报告中提出了生态文明制度建设的主要任务：(1) 建立生态文明建设的目标体系、考核与奖惩机制。(2) 建立对国土空间的开发和保护制度。(3) 建立资源的有偿使用和生态环境损害补偿制度。(4) 健全环境损害的追责赔偿制度。党的十八大报告为我国生态文明制度建设提出了明确的要求。随后，十八届三中、四中全会补充完善了生态文明制度体系建设的内容：(1) 健全资源产权制度和用途监管制度。(2) 划定生态保护红线。(3) 实行资源有偿使用以及对生态的补偿制度。(4) 改革生态环境保护管理体制。因此，为了完成十八大和十八届三中、四中全会提出的生态文明建设制度体系建设任务，在《生态文明建设促进条例》中，要以法规形式明确政府在生态文明建设中的职责，公众和社会组织的作用；明确生态文明建设规划的编制和落实、主体功能区规划的组织实施、生态保护红线的科学划定；探索推进生态经济发展，完善资源环境总量控制和空间管制、量化管理制度；健全资源产权制度，明确自然生态空间确权登记办法，明确各类自然资源资产的所有者、管理者及其职责；健全各类自然资源资产用途管制制度，实现对各类自然资源资产的科学开发、利用和保护；健全政绩考核制度，考核领导干部的生态文明建设成效，建立考核和奖惩机制；建立生态文明建设目标责任制，实行问责制度。

(三) 建立环保制度修订机制

为了解决制度制定不及时且制度失效的问题，可以采用如下策略：一是进一步完善国土空间开发保护制度。生态文明建设的重要性与关键性基础是国家的土地，应统筹规划好生态空间、城市空间与农业空间，科学合理地安排生产与生活用地。合理科学的土地资料库与管理运行平台应该被建立起来，增强土地的利用程度，使土地利用规划的科学性与合理性获得保证，并且应该公开的数据一定要公开出来，保证人们能够知道。二是切实建立可行、稳定的水资源使用与管理制度。国家先后出台了很多法律法规来进行严格的水资源管理，奖惩机制必须要发挥出它应该发挥出的作用。要让人民群众知道水的稀缺性与重要性，使他们自觉地用水及省水，让水资源的利用效率提升起来。三是进一步完善合理科学的耕地保护制度。在中华人民共和国必须严格地守护好亿亩的耕地警戒红线，因为人类如果想生存与发展就必须依赖耕地，所以耕地的重要性不言而喻。而对于这条红色的警戒线，任何要开发的项目都不能试图或真实地触碰它与挑战它。基本性农业田地的财政扶持力度应该加大，激发人们的主观能动性参与到土地的建设上来。农业田地的等级制度也应该建立起来，如果有违法违规的行为，则一定要追究，绝不姑息。

需要指出的是，制度的制定一定要及时、有效，并且建立动态优化机制。

二、强化绿色发展监督管理及处罚机制

生态文明理念是引领绿色发展的基础。政府不仅有建设生态环境的职能，促进经济发展的职能更受到各级政府的重视。政府的执政能力、施政绩效究竟怎样，通过政绩考核来进行评价是最重要的方式。如果政绩考核“唯 GDP 论英雄”，经济的发展与保护生态环境就会表现出一定的矛盾和冲突。如果地方政府的一切工作都以 GDP 为目标，特别是对于资本匮乏的地区而言，这些地区为了吸引资本的进入往往会以牺牲土地、生态资源等方式进行招商引资和开

发建设，而不顾在发展过程中付出了怎样的代价、发展的方向是否错位。这种粗放式的发展虽然会让地区在一定时期内出现短暂的繁荣，但从长远来看，生态的退化、资源的枯竭终将成为制约其发展的桎梏。

要解决我国地方政府在政绩考核机制上存在的问题，可以通过推动地方政府生态经济发展理念的建立和绿色 GDP 发展绩效以及监督处罚机制设计两条途径来实现。

（一）推动建立成熟的生态经济发展理念

正确的生态经济发展理念是进行生态文明建设的动力。因此，政绩考核机制转变的第一步是要从思想根源上寻求解决之道。

（1）政府应该树立正确的政绩观。如果地方政府的生态责任意识淡薄、政绩观过于片面，将会导致政绩取向发生偏差。所谓政绩，就是政府在施政过程中所表现出来的绩效，而对于政绩的本质——例如“究竟什么是政绩”“政绩到底如何衡量”“政绩由谁来衡量”“创造政绩的目的是什么”等问题的认知和观点就构成了地方政府的政绩观。由此可以看出，政绩观是地方政府执政干部执政理念的主要体现，不同的政绩观决定了政府工作的追求和施政方向的差异，更决定了政府能取得什么样的成绩和创造多大的成绩。相比之下，以生态文明建设为核心的政绩观体现了正确的政绩诉求。一方面，在生态环境日益恶化、生态形势趋于严峻的背景下，政府的理念非常重要，正确的执政思路和施政行为是发展生态文明建设、管理生态环境的前提。因此，必须以正确的生态政绩观为导向来切实履行其生态责任，摒弃政绩就是经济政绩的错误认知，真正地理解生态政绩的重要意义，从思想根源上真正地认同生态政绩的观念。另一方面，生态政绩观要以人民群众的利益为出发点和落脚点。生态问题直接关系到群众的切身利益，影响着群众的生活质量，因此，要把生态问题上升到民生问题的高度来看待和落实。为保障民众的生存环境、实现子孙后代的可持续发展，必须充分地考虑当前环境的承载能力，有计划地推进发展。少部分政府官员不重视人民群众的根本利益和环境需求而执着于某些所谓的政绩工程，其根本原因还是在于对政绩观的价值诉求缺乏正确的认识。生态政绩观的价值诉求在于任何政策的执行都应建立在人民的利益之上，因此，应加强对部分政府官员的政绩观教育，实现政绩观的转变。

（2）政府应该建立和增强生态责任意识，避免短视行为的出现。现在的生态文明建设需要国家长时间的支持，而且管理也不是一蹴而就的事情，对于在以往发展中已经破坏的环境要进行治理，同时能够做到拥有大局观，将治理工作作为常态化的事情来做，这对于政府的生态责任意识的建立提出了要求。如果缺乏生态责任意识，只是认识到比较尖锐的问题，或者是舆论关心的问题，而且在考核的时候只是为了应付，这样就可能催生出运动式治理。从某种程度上来讲，这种运动式治理的方式因能够凭借政治权力所具有的权威性在短期内实现环境治理成效而表现出一定的存在价值和优势，但是不可否认的是，运动式治理同时也具有反弹性强的特点，因此，不能将其作为一种常态化的治理方式。生态治理手段和能力的发展趋势是现代化、科学化、可持续性、公平性，也就是说，在生态责任意识的基础上建立一种常态化、法制化的长效治理模式对于生态文明治理而言才是正确的发展道路。具体而言，政府要提高生态责任意识，首先要形成生态价值理念，对待生态环境问题有正确的观点和态度，并将其内化为政府官员进行决策的主导观念，以此来支撑生态责任的履行。此外，生态问题需要多个政府部门的协同合作，因此要对生态责任进行明确的划分，对于上级政府与下级政府之间、同级地方政府之间、政府内部的不同部门之间的责任都要划分清楚。责任的厘清能够敦促政府进一步提高生态责任意识，积极地推动生态文明建设。

（二）建立系统的绿色发展监督管理机制

加强对生态文明建设责任落实情况的监管，需要建立一套完善的监管机制，以推动生态文明建设持续发展。

一是要以生态文明建设成效作为政绩考核及干部选拔任用的重要依据，实行“一票否决制”。对领导干部实行自然资源资产离任审计，审核领导干部任期内自然资源资产变化情况。在此基础上，准确评价领导干部生态文明建设履职状况。建立相关责任人生态环境损害终身追究制，以离任审计和生态环境破坏情况为依据，按照情节轻重给予相应处罚。对造成生态环境损害情节较轻的领导干部和相关责任人，给予组织处理或党纪政纪处分。

二是在监管过程中，要根据各地生态文明建设的不同侧重点，采取不同的监管目标考核制。依据全国主体功能区的不同定位，实行有差别的考核制度。对于划定的限制开发区域、禁止开发区域和生态脆弱区，取消对该类地区 GDP 指标的考核；对主体功能区规划中的农产品主产区，实行农业优先的绩效考核；对主体功能区规划中的重点生态功能区，实行生态保护优先的绩效考核；对主体功能区规划中的禁止开发的重点生态功能区，侧重于考核其自然文化资源的原真性、完整性。

三是要引导、鼓励企业和社会公众参与，形成多主体参与生态治理的监管体制。

（三）构建多层次的政府官员政绩评价指标

在经济发展新常态的背景下，“唯 GDP 是从”的观念已经无法与时代的发展要求相契合。在新的历史时期，政府官员需要重新建立符合新时期发展形势的政绩观和生态观，这其中最为有效的手段就是党中央和国务院在考核机制的顶层设计中将生态文明建设纳入到官员的政绩考核中，这其中应包括对一个地区在资源消耗、环境破坏、生态效益、生态文化建设等指标的执行情况的考核。不仅如此，在整体的政绩考核评价体系中，不同的指标要赋予不同的权重，其中生态文明建设的相关指标应该占有较大权重，只有这样才能够让生态文明建设引起地方官员的足够重视，从而逐渐扭转政府官员不惜一切代价追求经济增长的错误政绩观。除此之外，地方政府还应当按照《关于加快推进生态文明建设的意见》的要求，根据各个区域的具体情况和功能定位的不同，实施针对政府生态政绩的分类和差别化考核，在不同的地区以不同的政绩考核重点来考察地方官员的执政水平和施政效果。此外，还应当推行激励机制，对在生态政绩考核中成绩突出的单位给予公开表彰和奖励。

具体而言，在进行分类考核时，首先要对考核对象作出科学的分类，根据各地区的区位情况、自然环境、资源储备、生态环境承载能力、经济发展水平等因素进行综合考量，对考核对象进行划分，制定不同的考核标准和重点。其次，根据“五位一体”的发展战略布局，生态文明建设要融入经济建设、政治建设、文化建设、社会建设的各方面和全过程。因此，地方政府的政绩考核评价体系要结合这一思路进行构建，以达到全面反映生态文明建设主要任务、实现生态文明建设目标的目的。基于此，可以从生态环境、生态经济、生态政治、生态文化和生态社会五个维度构建指标。具体的权重应根据地方实际情况进行调整，大体的指标体系构建如下：

(1) 生态环境指标构建。生态环境指标可以从自然资源和生态环境保护两个方面进行衡量。在对自然资源的评价和考核方面，需要对资源储量和生态承载能力进行评估，主要从土地资源、动植物资源、矿产资源和水资源四个方面进行构建；在对生态环境的评价和考核方面，主要从大气环境、土地环境、水环境、生态环境四个角度展开。具体评价体系指标如表 7-1 所示。

表 7-1　生态环境考核指标

一级指标	维度	二级指标	考核内容
生态环境	自然资源	土地资源	总量指标：耕地面积、农田面积、建设用地面积 人均指标：人均耕地面积、人均林地面积、人均草地面积、人均建设用地面积
		水资源	总量指标：河流/水库蓄水量、耗水率 人均指标：人均水资源量
		动植物资源	总量指标：自然保护区面积、沙漠化面积 占比指标：植被覆盖率、自然灾害成灾率、水土流失面积比重
		矿产资源	总量指标：有色金属矿产储量、非金属矿产储量 人均指标：人均主要有色金属矿产储量、人均主要能源矿产储量
		大气环境	单位指标：单位 GDP 对应的 CO_2 排放量、单位 GDP 对应的 SO_2 排放量、单位 GDP 对应的氮氧化物排放量 占比指标：工业废气处理率、工业废气达标排放率、空气质量优良率

续表

一级指标	维度	二级指标	考核内容
生态环境	自然资源	水环境	占比指标：工业废水处理率、工业废水达标排放率、城市污水集中处理率
		土地环境	单位指标：单位工业增加值对应的固体废弃物排放量、单位耕地面积农药使用量 占比指标：工业固体废弃物处理率、城市垃圾无害化处理率、沙漠化治理率、生态用地比率
		生态环境建设	人均指标：人均造林面积、人均绿地面积 占比指标：矿区生态环境恢复

（2）生态经济指标构建。生态经济指标可以从经济发展、循环经济、能源结构、节能减排四个方面进行衡量。

表 7–2 生态经济考核指标

一级指标	二级指标	考核内容
生态经济	经济发展	社会劳动生产率、第一产业劳动产出率、第二产业劳动产出率、第三产业劳动产出率、土地产出率、产值利税率、第三产业增加值占 GDP 比重、节能环保产业增加值占 GDP 比重、高耗能产业占工业总产值比重
	循环经济	再生资源循环利用率、工业固体废弃物综合利用率、工业用水重复利用率
	能源结构	清洁能源消费占能源消费量比重
	节能减排	单位 GDP 能耗、单位 GDP 水耗、单位 GDP 原材料消耗； 单位工业增加值能耗、单位工业增加值水耗

（3）生态社会指标构建。生态社会指标可以从公共服务、低碳

行为、生态文明意识三个方面进行衡量。

表 7-3　生态社会考核指标

一级指标	二级指标	考核内容
生态社会	公共服务	社会基本养老保险覆盖率
	低碳行为	人均生活用电量、节能电器普及率、公共交通出行比例
	生态文明意识	生态文明知识普及率、生态环境教育普及率、政府官员参与生态文明培训率

（4）生态政治指标构建。生态政治指标可以从生态制度、政府绩效两个方面进行衡量。

表 7-4　生态政治考核指标

一级指标	二级指标	考核内容
生态政治	生态制度	环保节能标准执行率、规划环评执行率、政府绿色采购比例、资源环境信息公开率、新审核清洁生产企业比例
	政府绩效	环境治理投资支出占 GDP 比重、生态文明建设的考核权重、生态环境提案所占比重

（5）生态文化指标构建。生态文化指标可以从生态宣传、生态教育两个方面进行衡量。

表 7-5　生态文化考核指标

一级指标	二级指标	考核内容
生态文化	生态宣传	生态治理宣传经费支出占 GDP 比重、生态环保知识宣传教育普及率
	生态教育	中小学环境教育普及率、高等院校生态文化教育课时比例、生态文化产业占 GDP 比重

（四）构建严格的处罚机制

一是在司法上调整。修订《民事诉讼法》与《行政诉讼法》的相关内容，放宽对原告诉讼资格的要求，建立公益诉讼制度，将环保问题纳入行政诉讼案件的范围，增强公众参与生态文明建设的能力。

二是设立独立的环保法庭。改变过去由民庭、刑庭和行政庭分别审理环境案件的做法，有利于环境公益诉讼的开展。设立独立的环保法庭之后，凡是涉及环境的案件均由环保法庭集中审理，这样既可以提高环境案件审理效率，又可以增强审理的专业性，是一种实现环境司法专门化的新路径。

三是提高环保部门的罚款权。提高法定罚款上限、比例和倍数；提高环境违法企业的违法成本，规定“按日计罚”，督促污染企业自觉纠正违法行为；赋予环境执法部门停排、查封、扣押、没收等行政强制权。

三、匹配政府绿色发展的财权和事权

政府是生态文明建设的领导者和主要参与者之一，政府应按照绿色发展原则，行使规制、监管职能，建立合理的生态文明建设的事权和财权匹配机制。

（一）明确政府绿色发展事权

政府在生态文明建设中的作用：一是构建完善相关制度体系；二是强化执法监督力度；三是加强生态文明建设的宣传教育；四是承担环境基础设施建设；五是负责跨地区的污染综合治理。

同时，将营利性的生态文明建设事权交还给社会。对那些营利性、以市场为导向的生态文明建设项目，政府应将其开发和经营事权全部留归企业；对那些虽不能直接实现盈利但具有治理环境优势的生态建设项目，政府应制定合理的规则，责令污染者和使用者向投资企业缴费，帮助投资企业获取合理收益。

在政府生态文明建设事权范畴内，还应明确划分各级政府的生态文明建设事权。应以公共需要的受益范围作为各级政府生态文明建设事权划分的根本依据。对受益范围覆盖全国的生态文明建设项目，因全部公民都可以享有这一项目所带来的利益，所以应该由中央政府来提供。对受益范围局限于某一地区之内的生态文明建设项目，则适于由地方政府来提供。按公共需要的受益范围来划分各级政府的生态文明建设事权，不仅符合公平原则，也符合效率原则。

政府间生态文明建设的组织和投资责任划分，应遵循“事权、财权和权益对等”的原则。凡是影响范围局限在某一特定行政管辖区的生态文明建设问题，属于地方环境事务，应该由管辖区政府负责投资和组织建设，但是如果生态影响范围是跨行政区或是全国范围的，就应由中央政府负责投资和组织。中央政府的生态文明建设责任主要是解决具有跨行政区和强外部性特征的生态文明建设问题。

政府部门之间生态文明建设事权划分的基本原则还应遵循效率原则。即凡是地方进行生态文明建设效率更高的，应将此事权划拨给地方；凡是由更高一级政府组织实施更具效率的生态文明建设项目，就应上划更高层级的政府。

（二）匹配政府绿色发展方面的财权和事权

对具有跨行政区和强外部性特征的生态文明建设问题，应按照政府之间财税关系的“激励相容”原则，妥善安排各级政府在生态文明建设中的支出责任，形成“中央政府财政投入为主、省级政府配套投入为辅、市（县）级政府视财力酌情承担”的生态文明建设财政制度。

1. 在中央层面，主要负责全国性、跨行政区的绿色发展事权和支出责任

属于全国性的生态文明建设事权归属中央，应由中央财政负责支出。如果中央委托地方政府负责生态文明建设任务，应该划拨所需建设资金。对于跨行政区的生态文明建设事权，由双方共同支出，并确定生态文明建设项目的各方支出比例。因此，还需要进一步完善中央和地方政府之间的生态文明建设事项转移支付细则，明确转移支付项目，缓解地方政府财政压力，调动地方政府生态文明建设的积极性。

2. 在省市政府层面，主要负责区域性的绿色发展事权和支出责任

应当适度增加生态文明建设支出规模，提高地方政府在生态文明建设上的支出力度和水平。因为跨行政区的生态文明建设不仅会对本地区产生正向影响，而且也对其他地区甚至全国产生正向影响，所以中央财政也应给予支持。为此，中央在确定向各省市的财政转移支付基数和规模时，应参照生态文明建设质量，对不同省市给予差别化的财政转移支付力度。

3. 在县级政府层面，重点是强化本行政区内绿色发展力度

县级政府主要是执行国家和省市级政府制定的生态文明建设规划，鼓励绿色产业发展，限制对生态环境危害较大的产业。

（三）完善绿色发展的财税政策

实现人与自然的和谐发展，需要完善生态文明建设财税政策，

进而充分发挥财税政策的促进和导向作用。

1. 在财政政策方面的改进建议

(1) 改革财政投入机制。一是通过立法来确定一定时期内各级政府对生态文明建设的财政投入比例以及增长幅度，使生态文明建设财政投入占 GDP 的比例稳定在 2%~3%的范围内，从而使各级政府的生态文明建设得到充足的资金支持。二是拓宽政府生态文明建设财政资金来源渠道，如进行适量国债的发行、实施 BOT 融资、贷款担保形式等。

(2) 强化财政投入监管力度。可以增设生态文明建设财政支出预算科目，规范约束生态文明建设资金的专款专用。加强对生态文明建设财政投入资金使用情况的检查力度，实时监督生态文明建设财政投入的划拨、使用等情况。

(3) 加大财政转移支付力度。调整国家生态文明建设财政预算制度，加大纵向转移支付力度，增加地方政府生态文明建设资金，以匹配地方政府在生态文明建设事项上的财权与事权。

2. 在税收政策方面的改进建议

(1) 适时开征生态税。对破坏生态环境的生产和消费行为征税，如将 SO_2 纳入生态税范围，以调节和限制污染行为；将对水资源的收费纳入生态税的征税范围，保护水资源的利用。

(2) 完善与环保相关的间接税。除开征专门的生态税外，还需要调整和完善环境保护间接税。科学制定消费税税率，强化消费税对资源的节约职能和对环境的保护职能。

(3) 完善税收优惠减免政策，加强税收政策对生态文明建设的导向作用。税收优惠是引导和鼓励生态文明建设的重要措施。应对有利于生态文明建设的投资和生产行为采用多种税收优惠形式，如差别税率、投资减免、加计扣除、税收返还等，从而引导和鼓励生态文明建设。

四、明确政府与市场环境保护职责

党的十八届三中全会通过的《关于全面深化改革若干重大问题的决定》中明确提出“使市场在资源配置中起决定性作用和更好发挥政府作用”，对市场和政府的角色给予了新的调整定位：“政府的职责和作用主要是保持宏观经济稳定，加强和优化公共服务，保障公平竞争，加强市场监管，维护市场秩序，推动可持续发展，促进共同富裕，弥补市场失灵。”这为经济新常态下如何处理政府与市场的关系提供了指引。进一步厘清政府和市场的关系既不是摒弃政府的作用，也不是放任市场自行运行，更不是将政府的作用与市场的作用对立起来，而是“在保证市场发挥决定性作用的前提下，发挥政府作用，管好市场管不了或管不好的事情”①。因此，进一步厘清政府与市场关系的政策建议可从以下四方面给出。

（一）明确“权力清单”“责任清单”

明确“权力清单”“责任清单”，加大政府的简政放权力度。“权力清单”与“责任清单”具有双向指导功能，既可简政限权，又可减少寻租空间，降低非经营性成本。“权力清单”明确了政府“可以做什么”，而“责任清单”则明确了政府的法定责任，即“必须做什么”。明确“权力清单”“责任清单”就是要厘清政府和市场界限，捆住政府乱作为之手，明确政府责任以应对不作为。“权力清单”“责任清单”是政府简政放权的操作指南，是政府简

① 中共中央宣传部．习近平总书记系列重要讲话读本（2016年版）［M］．北京：学习出版社，2016.

政放权的抓手。以此为基础，政府可通过进一步取消和下放部分行政审批权，激发市场活力，营造公平开放的市场环境，更好地发挥市场在资源配置中的决定性作用。政府亦可通过“责任清单”让各级政府的职责分工更为清晰，将岗位责任和已出台的政策措施落到实处。政府在简政放权推进过程中，要根据自身情况在法定范围内梳理“权力清单”与“责任清单”，应谨防“权力清单”的随意、滥用和异化。在贯彻执行权、主持决策权、审核把关权、督促检查权、应急处置权、干部酝酿组织权等方面做真正的简政放权，要防止把法定范围之外的权力借机揽入，亦要防止把法定范围之内的应尽之责推出去。在“权力清单”与“责任清单”的制定、理解与执行上，要避免机械化与僵硬化，在法定范围内依据现实情况动态调整。在简政放权过程中，需要多方听取社会各方面意见，推动行政审批事项的取消和下放。具体操作过程中，对取消、下放的每一个项目都要出台事中事后的监管措施，强化政府部门事中事后的监管责任，跟踪了解、检查落实行政审批事项取消和下放的推进情况。

（二）落实、推进负面清单制度建设

积极落实、推进负面清单制度建设，厘清政府与市场关系，限制“政府之手”。根据国务院印发的《关于实行市场准入负面清单制度的意见》，“把发挥市场在资源配置中的决定性作用与更好发挥政府作用统一起来，把转变政府职能与创新管理方式结合起来”，加快构建“市场开放公平、规范有序”和“政府权责清晰、监管有力”的管理体制。

负面清单制度是以法治理念梳理政府与市场边界，通过法律来限制政府权力的非正常行使，明确政府的职责边界以缩减自由裁量

空间，提升政府治理能力。负面清单制度在明确政府与市场的关系方面作用重大，让政府“法无规定不可为”，让企业“法无禁止皆可为”，在规范、约束政府权力情况下，更好地发挥市场在资源配置中的决定性作用。负面清单制度所带来的市场准入是市场各主体的依法平等进入，对于未列入清单的行业、领域和业务，不同身份和性质的市场主体均可进入，对民间资本参与市场竞争、激发市场活力有很强的促进作用。在负面清单制度的推行上，应将政府行为重点转移到加强事中事后监管，要“轻审批、重监管”，以法治思维和法治方式加强市场监管，营造公平竞争的法制化市场环境。

（三）提升政府掌握信息的质量

利用大数据，提升政府掌握信息的质量，“该出手时再出手”。市场机制的形成是不断完善的过程，由于市场自身的调控和筛选机制常受制于外部制度环境，故政府在市场机制不健全之时进行有限度的干预是合理的。政府干预在市场机制失灵时是十分必要的，而何时干预、如何干预、干预程度如何把握则构成了政府干预质量的决定因素，这些因素直接决定了政府干预的效果。对于决策信息质量而言，高质量信息可对客观环境予以真实性还原，降低干预方式、干预时点、干预程度的判断偏差，故政府干预的效果主要取决于所掌握信息的质量。大数据时代的来临为政府的信息掌握质量提升带来了新的契机，大数据手段的不断成熟为政府扩充信息来源和甄别真伪信息提供了便捷渠道，这不仅有利于干预方式、干预时点、干预程度的判断，更为关键的是，还可通过大数据对干预对象的反应预估出一个前瞻性预判，避免出现事与愿违的政府调控结果。政府应对大数据方法进行深入了解，积极与相关科研院所建立大数据合作关系，通过技术改进和新近科研成果转化提升政府信息掌握质量，从而提升监管水平。

（四）衔接政府公共资源配置与市场资源配置

加强机制衔接，使政府公共资源配置与市场资源配置相结合。分清政府与市场作用的边界，还要加大政府作用机制与市场作用机制的衔接打磨。应加深对“市场对资源配置起决定性作用”的理解，不能将政府作用和市场作用对立起来，而要让政府作用与市场作用都发挥各自作用，达成政府尊重市场决定、遵守市场秩序的政府与市场配合结果，积极完善市场公平竞争规则。也应在市场失灵时，力图让政府权力的介入“不越位、不错位”。之所以让政府公共资源配置与市场资源配置相结合，是因为市场决定资源配置具有高效率的特点，但很难保证资源配置的结果公平，进而导致分配不公、贫富差距等市场失灵情况出现。当市场失灵情况出现时，政府应以政府调控形式适时、适度地介入，以克服市场失灵、维护社会公平正义。政府应依法规范初次分配行为，通过再分配和社会保障来解决公平问题，应依据公平原则通过公共资源配置进行重大基础设施建设以吸引优秀企业。

五、明晰环境产权制度

环境产权制度不明晰是重要制度问题，主要反映在环境产权的界定、配置、交易与保护等方面。环境产权作为一种特殊产权，不仅具有“使自己或他人受益或受损的权利”的特点，还是能否可持续发展的重要基础。应将明晰环境产权制度作为环境产权制度完善的第一步，在具备解决环境问题基础之后，再层层推进至环境产权的交易、保护等方面。

（一）明确环境产权的界定与配置

环境产权的界定与配置主要是对环境产权的所有权、使用权和收益权进行的界定与安排，强化环境产权意识。

首先，环境产权的所有权决定了环境资源归谁所有。在明确环境产权的界定与配置时，要求对维持生态系统的平衡做出标准化规范，尽量避免或减少由污染所致的人类健康损失及由内部经济性行为导致的外部不经济性。应根据环境自身的功能与特性，明确环境资源由谁行使环境资源所有者职能。

其次，环境产权的使用权是指依法对环境资源使用的权利，社会团体、企业组织以及个人都依法享有部分环境资源的使用权。在明确环境产权的界定与配置时，应对环境资源的使用权进行有效的分配与控制。具体来说，政府可先制定符合长远战略发展规划的环境保护容量“红线”，所确定的环境保护容量“红线”就是不能突破的硬性指标。在确定环境保护容量“红线”后，根据地区生产力、产业分布、企业数量等自身情况对环境容量进行分配，既满足地方的环境资源使用需求，又能遏制部分地区对环境的超容使用。

再次，环境产权的收益权是指环境资源贡献者可通过资源本身、资源运作而获取收益的权利。合理的环境产权收益权对环境资源贡献者具有激励作用，而我国环境产权的收益权现阶段制度安排尚不完善，环境资源的供给者很难得到相应补偿，这不利于环境资源的供给与保护。应明确环境资源的收益权，使环境资源的供给者和生态环境的保护者都可得到合理的收益，促进环境资源的供给与生态环境的保护。应让自然环境资源的贡献者享受一定的环境资源收益权，可通过政府补贴、政府购买等形式根据贡献的大小获得相匹配的环境资源收益。应将环境资源收益权配置给更新生产工艺和提高治污水平的“贡献”企业，鼓励企业减少污染、提高生产技术水平和提升治污能力。

环境产权作为“使自己或他人受益或受损的权利”，其界定必须清晰，在己方受损而他人受益时应获取补偿，在己方享受环境收益外溢而让他人受损时应支付赔偿。公共产权如果边界不清晰就会导致所有权的虚化，其结果可能是各方不顾资源能否可持续利用而进行掠夺式的开发。要改变生态环境因公共产权的属性而无法获取补偿的局面，矿产资源、水资源、草资源遭到掠夺式破坏的“公地悲剧”不应持续上演，应进一步明确环境产权，当严峻的环境问题出现时，相应关联主体可诉诸法律及时追回损失，避免生态问题的进一步恶化。

明晰产权要确定环境资源的类型，这样才能清晰界定环境资源的产权归属状况。对于土地、矿产、森林等易分割、排他性、竞争性相对较强的独占性资源，应打破“公有—公用”的环境产权制度范式，适当地、合理地使其产权私有化。以适当的方式将公共所有权转化为私人所有权，可通过法律保护阻止他人获取。也应改变资源环境使用权方面的无偿获取产权制度安排，完善资源环境使用权有偿获取的制度安排并引入市场竞争机制。对于水环境、大气环境等难分割的生存性公共资源，应让所有权与使用权、经营权“三权”分离，加强政府的监督职能，既要推进公共性环境资源的流转市场化，也要对资源产权的流转进行必要的监督。可通过公共产权的所有权、使用权、收益权的分解实现环境资源的最优化配置，将生态补偿直接分配给环境资源的所有者、使用者，通过竞争和激励逐步完善生态补偿机制。

当前存在的环境资源产权混乱和不清晰的现状直接制约了环境资源保护工作的推进，在环境资源主体边界不清时，难以依法获得相应补偿。只有明晰环境资源产权制度，才能更好地开展环境产权的保护工作。应科学地界定初始环境产权，明确环境产权的界定与配置，强化环境产权意识。

（二）保证环境产权交易制度供给

应保证环境产权交易制度范围、价格与市场竞争方面的制度供给。环境产权的交易或流转制度是指资源环境产权所有人基于一定产权运作而获得的产权收益，具体包含三方面：环境产权交易范围、环境产权交易价格、环境产权交易市场的竞争。首先，环境产权交易应在一定空间与时间内进行。环境产权制度的构建应注意交易空间，交易空间应根据各地环境质量状况、企业密集程度来安排，对于地区环境质量好、企业密集度小的地区，其环境产权的交易无需太多限制。对于地区环境质量差、企业密集度高，其环境产权的交易应严格限制，以防止环境的进一步恶化。交易时间可安排为当期交易和跨期交易，交易主体根据自身状况和政府调控情况，决定进行当期交易或跨期交易。对于交易主体而言，跨期交易由于可以机动安排污染排放更为可行，尤其是可以规避交易价格的波动风险。其次，环境产权交易价格问题是现阶段较为受关注的问题。不同于普通商品的市场交易，环境资源使用权的交易远未完成市场化。在环境产权制度构建时，应尽量严格监督环境资源使用权交易，对于操纵交易价格的行为要给予严惩。应加强环境资源使用权在交易价格方面的引导与监督，让环境资源使用权的交易价格更为合理。由于土地、矿产、水等资源的补偿缺乏“环境治理和生态恢复”方面的确切内容，在环境产权制度构建时，应落实环境成本的科学还原，将环境恢复和生态补偿内容纳入成本之中。通过价格引导和成本内容构建，更好地发挥环境资源使用权交易的功能。再次，环境产权交易市场的竞争方面，应培育环境资源使用权的交易市场，形成较为合理的交易价格。政府应保证相应制度供给，对市场进行监督管理以维护公平。应保证环境产权交易制度的范围、价格与市场竞争方面的制度供给，从而维护环境产权制度的可持续优化运行。

（三）完善环境产权保护制度

应完善环境产权保护制度，赋予公民个人环境诉讼资格。环境产权保护制度是指由环境产权的获得程序、行使原则及保护范围构成的法律保护体系。健全的环境产权保护制度可降低交易费用，有效保护环境产权主体的合法权益，促进环境产权制度发挥作用。环境产权保护制度是环境资源所有权、使用权和收益权的重要保障，我国应在法律体系中完善环境产权保护制度以保障环境产权所有权、使用权和收益权的有效落实。

可在环境资源使用权的配置、交易以及相应的奖惩制度方面进行完善，以保证环境资源供给主体和环保贡献主体能获取应得收益。在环境资源收益权保护制度方面，可通过法律制度修订使环境资源供给主体能获得相应经济补偿；可通过《物权法》《民法》《环境法》等的修订，使那些改进治污技术、提升治污水平的企业能依靠剩余环境资源使用权进行合法交易，获取部分收益，如此既能激励企业改进治污技术、提升治污水平，又能高效完成环境保护工作。

除注重以上法律、法规和其他规章形式的制度设置之外，还应关注公民对环境的权利。应明确公民环境法律权利，让公民可以依法对其赖以生存的环境享有基本权利和义务。应在环境保护基本法中确认公民的具体环境权利，如知情权、使用权、收益权等环境权利。我国现行法律还不允许公民作为诉讼主体提起环境诉讼，尽管新修正的《民事诉讼法》中赋予了有关机关和社会团体可提起公益诉讼的权利①，出于“滥诉”考虑，赋予公民个人环境诉讼主体资格的推进工作应谨慎，在具体推进中可考虑设置诉讼前的行政复议程序并限制诉讼主体的起诉顺序，这既能减轻诉累，亦可避免“滥诉”问题。

六、完善绿色发展的社会参与机制

生态文明建设是一项非常伟大的系统性工程，大众、企业、政府部门等各个生态文明建设主体必须形成合力。

（一）构建以政府为主导的多元参与形式

绿色发展建设关系到全社会各相关主体的切身利益，因此需要各方的通力合作，进行生态文明共建。从参与主体的层面来看，生态文明建设仅依靠政府一方的力量是无法实现的，还需要企业、公众、环保组织的共同参与。从参与的形式来看，生态文明建设不能仅依靠中央和地方政府的生态法规约束，而是要通过政企联合、政校联合、增加环保非政府组织等多重形式来构建生态文明共建机制。通过社会中的多个责任主体的生态文明共建，让各方主体共享生态文明的建设成果。因此，有必要在生态文明的建设过程中发动各方力量，构建“政府—环保组织—企业—高校—社会公众”五位一体的多元生态文明共建形式。② 在这种共建模式中涉及多个驱动因素，需要各主体之间的互动和协调，其中任何一个主体的不作为

① 刘薇．论公民个人提起环境公益诉讼［J］．法制与社会．2013，16：111-113.
② 王梓潇．兰州市城关区构建国家级示范基地对策研究［D］．兰州大学，2018.

都会影响到整体生态文明建设的效率和效果。各主体应该成为“一致行动人”，通过协商、合作与谈判等方式解决各主体之间的利益冲突，在生态环境的维护和建设问题上要形成共同的价值理念和发展目标，最终激发“1+1>2”的协同效应，创造共赢局面。

在“政府—环保组织—企业—高校—社会公众”五位一体的绿色发展多元共建形式中，各个主体发挥着不同的作用，具体表现为政府是生态文明建设的责任主体，在生态文明建设中起主导作用，①更是整个绿色发展体系中负责调控的重要主体。相较于体系中的其他主体而言，政府作为政策制度的制定者和决策者处于绝对的强势地位。环保非政府组织具有公益性、民主参与性和策略多元性等优势，在推进绿色发展进程中发挥着不可替代的作用。尽管我国的环保社会组织出现的时间较短，但在数量和作用形式方面都发展较快。目前我国各地社会环保组织数量已达7000多家，组织的政治参与意识逐步提高，活动形式从早期单纯的环保宣传教育拓展到做为利益代表的建言献策。从企业的角度而言，生态环境破坏的源头在于企业，因此，从根源上培养企业进行绿色生产的意识至关重要。从高校的角度而言，大学生作为社会的新生力量，在科学文化知识、人力资源、教育传承、地域传播等方面都具有其独特的个体和群体优势。从社会公众的角度而言，社会公众是推进绿色发展的基础力量，发动社会公众对政府行为进行监督，可以矫正环境保护过程中存在的政府失灵和市场失灵。

在绿色发展多元共建形式中，最亟待解决的问题在于明确各主体的责任和义务，加强责任主体间的协调合作，进而解决推进绿色

① 乔永平，丁德敏．生态文明建设中政府功能的完善［J］．经济研究导刊，2018（34）：186-187，196.

发展各责任主体的参与水平不高、参与动力缺乏、参与渠道不畅的问题。一方面，体系中的各个驱动主体要在生态建设的价值理念和发展目标上达成共识，以维护多元化体系的稳定性；另一方面，主体之间的利益冲突不可忽略，这会直接影响绿色发展多元共建的效率。因此，各主体之间应该形成协调机制，互通有无，实现体系的整合与内部的良性互动。图 7-1 为五位一体的绿色发展多元共建主体关系图。

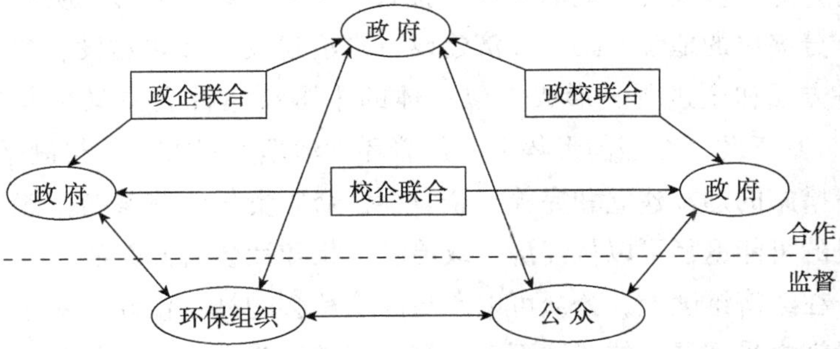

图 7-1　绿色发展多元共建主体关系图

从上图的关系中可以看出，政府作为绿色发展的主导力量，应该转变政府职能，将绿色发展作为基本职能进行科学决策，对于社会各主体的行为加强引导和教育，推进生态法制建设，用道德和法律来共同约束各责任主体的生态文明建设行为，进一步完善生态补偿机制，为生态文明建设提供有效的激励机制。对于企业而言，要想真正实现企业的节能减排，首先要改变旧观念，放眼未来的可持续发展。除提高企业的生态责任意识外，更重要的是要在政府导向下形成有市场调节、有技术进步和科技管理为保障的企业节能减排机制，从需求端倒逼企业的绿色转型。对于高校而言，应该建立产学研合作机制，利用高校的科研优势寻求三方共赢的技术路径。对于环保组织而言，要充分发挥组织的驱动作用，促进社会公众生态意识的转变、加强对政府的监督、积极参与各类生态文明建设活动的决策。

（二）进一步推进社会参与的深度和广度

公众参与生态文明建设的行为仍以短期行为居多，环保行为依然没有成为一种习惯深入到社会生活中，公众参与的深度和广度仍然有待进一步提升。党的十八大报告指出："要把生态文明建设放在十分突出的地位，融入经济建设、政治建设、文化建设、社会建设各方面和全过程，形成五位一体的中国特色社会主义事业总布局。"基于此，在当前形势下，随着环境治理方式方法、机制平台、政策措施的逐步建立和完善，企业、公众等责任主体参与生态文明建设的可能途径可以从经济、政治、文化和社会诸方面考虑：

在经济维度上，公众可以参与环境社会的补偿活动。对于在环境污染中受到侵害的群体而言，存在着举证难、鉴定难等问题，将在一定程度上助长破坏生态环境的歪风。因此，社会公众应积极推动建立和完善社会补偿制度，参与对事件中各方当事人之间的利益关系的协调和调解，最终达到保障受害群体利益的目的。针对举证难的问题，社会组织应尽可能科学化地参与到调查取证的工作中，有必要强化社会组织的专业性以提高协调效率。

在政治维度上，公众可以积极参与到由政府发挥主导作用的生态文明建设活动中。目前，我国公众参与由政府主导的生态文明建设，主要包括参与环境监督活动以及政府政策法规的制定。在参与环境监督活动的过程中，公众主要参与的是对政府和企业在环境活动上合法合规性的监督，通过举报等方式为政府提供线索，依靠行政力量解决问题。在参与政策法规的制定方面，社会公众主要通过参加听证会、座谈会，或通过对政府公布的征求意见稿提出意见和建议等方式参与，但是较少参与到政策推行之后的实施环节。此外，社会公众对环境信息公开关注不足，可以考虑构建环境信息公开平台。信息公开是最好的监督和督促，社会公众可以通过环境信息公开来进一步推动企业环境行为的改善。

在社会维度上，公众可以参与社会监督。公众自发的对生态文明建设开展监督，是一种非常重要和有效的环境社会治理方式。社会公众可以组织起来，结合自身的实际条件开展社会监督，对于企业和社会上的破坏生态环境的行为予以监督和记录，并积极利用媒体和各种传播媒介将不文明行为以适当的形式向社会曝光，动用全社会的力量共同推动和促进生态治理工作的推进。

在文化维度上，公众可以参与生态文明宣传教育。公众的生态意识对于能否实现全民生态文明共建具有决定性的意义，直接和间接地决定了生态文明建设工作能否顺利开展以及能否取得预期的效果。公众参与生态文明建设的意识、参与环境保护的水平都需要通过宣传教育来予以提升。宣传教育工作不仅是政府的义务，也是社会公众的义务和责任。社会公众应该积极主动地通过深入社区开展宣传教育活动、辅助政府开展全民生态意识培养和教育等形式来参与生态文明的文化建设。

（三）继续强化社会参与的效果

目前，由政府引导，企业、公众、环保组织等社会主体共同参与绿色发展建设已经取得了一定的成效，随着国家对公众参与生态文明建设的积极宣传和大力引导，近年来，公众参与生态文明建设的主动性和参与意识在逐渐提高。加强公众参与包括了加强公众的参与意识和公众的参与能力。由于受到中国特定的社会背景的影响，发展经济一度成为政府和社会共同关心和关注的焦点，生态问题并没有引起足够的重视。如今，随着中国经济的发展水平逐步提高，人民群众生活需求的改变，“沙尘暴”“白色垃圾”等环境污染现象引发的问题也越来越受到重视。得益于政府政策和媒体宣传，公众开始对环境污染问题产生了一定的关注，生态环境进入大多数公众的视野。随着公众的文明素质逐渐提高，生态意识逐渐觉醒，生态环境保护问题更是越来越频繁地成为社会关注的焦点。然而，目前公众参与生态文明建设的效果仍有待进一步加强，这需要从加强培养公众的生态意识、提升参与的专业性、强化政策的实施力度等方面入手。

第一，社会各主体的参与意识参差不齐，因此需要通过加强宣传和教育力度来进一步提高公众参与生态文明建设的意识，这是培养广大群众的生态意识、激励群众参与生态文明建设最行之有效的方法。政府可以利用生态日、环境保护日等特殊节日来宣传和普及生态文明知识，从基层社区出发，通过宣讲、体验等活动帮助社会公众提高参与生态文明建设的自觉性。对此，媒体应该积极地发挥作用，充分利用广播、电视、网络、报刊等来强化宣传的力度，设计一些构思精巧的画册、视频等为公众带来从视觉到心理的冲击，增强生态保护的责任意识。另一方面，政府需要继续加强公众教育的引导，在群众中大力推广生态文化，倡导走进自然、亲近自然、享受自然、热爱自然的同时也建立生态环境的危机意识，促进人类与自然的和谐相处，从改变意识出发最终达到改变行为的作用，变群众的被迫参与为积极自觉行为，通过多种活动的推广增加大众参与的深度和广度，提高公众参与和推进绿色发展的能力。

第二，完善和健全公众参与的政策与法律保障，加强政策实施力度，提升公众参与生态文明建设的积极性。在法制保障方面，政府需要在现有的《环境保护法》的基础上制定和出台更为具体、更具有针对性和可操作性的法律法规来细化法律的监督和指导作用。在政策制定实施方面，政府应该在环境保护和生态治理方面积极制定和实施各类政策，加强环境保护和管理。值得注意的是，政府制定政策的初衷虽好，实施效果还有赖配套措施完善。例如，为治理“白色垃圾”泛滥的问题，政府于2008年正式施行“限塑令”，“限塑令”规定所有超市、商场、集贸市场等商品零售场所一律不得免费提供塑料购物袋。“限塑令”的颁布和实施对白色垃圾治理和民众环保意识提升都起到了重要作用，但由于后续监管难，以及电商等新业态的迅速发展，“限塑令”效果递减。这里既有公民自律性等方面因素，也有市场未能提供具有市场吸引力的替代品等配套措施的原因。由此可见，法律和政策制定只是政府参与生态治理的一个方面，而政策实施之后的监管和配套保障也是确保实现预期治理效果不可或缺的因素。

第三，提升公众参与绿色发展的专业化水平。每个人都应该是生态环境的保护者、建设者和受益者。有效的公众参与是绿色发展的重要驱动力。近年来，我国专业的环保人才数量在逐渐增加，但相较于我国庞大的人口基数而言，专业人才的数量依然远远无法满足生态文明建设的要求，特别是在我国的偏远地区、农村地区，专业的环保人才更是不足。对此，可以从提升社会环保组织的专业性入手来提升社会公众参与生态文明建设的整体效果。政府可以组织公众代表进行生态环境考察，对环保专业技能、环保的法律法规等专业知识组织培训，为群众更为专业地参与生态文明建设搭建知识保障的信息化平台。

（四）建立健全社会参与的保障体系

在全社会各主体共同参与地区绿色发展的过程中，政府在公众参与制度、法规政策、管理体系以及文化环境等方面的保障体系仍有待进一步完善。

（1）完善公众参与制度和监督权。对于公众的参与制度以及进行监督的权利予以完善。参与制度的保障以及监督权利的赋予为公众参与生态文明建设提供了有效的渠道，更是公众对生态文明建设加强监督的重要保障。在公众参与的同时不能忽视监督的作用，要用法律来维护公众参与生态文明建设的权利，同时能够利用多种手段尽可能提高公众自身利益与参与生态文明建设的一致性，充分调动起公众参与的积极性，同时提升群众的主人翁意识。政府政策制定需多听取群众意见，而且让公众参与到生态文明建设的各个环节。与此同时，政府还需要对生态文明建设的机制进行进一步的完善来提升建设效率和保障建设效果。对于生态文明的制度建设要做到不断创新，同时也要保证建设的顺利实施。在全社会共同努力之下实现制度的规范化和法制化，在保证生态文明建设顺利开展的同时实现经济效益，促进二者之间的和谐发展。

（2）法规政策方面。创建文明的地区生态环境，需要有相应的法律法规予以保障。第一，政府应该联合企业以及环保非政府组织三方主体共同建设并且制定出三方共同参与的法律法规，从法律的层面上实现生态文明的建设的约束机制，明确责任主体；第二，应该建立第三方的测评机构，对不作为或者是慢作为等行为进行约束，以确保法律的效力；第三，要在上述三方之间建立良好的交流平台，实现其中的资源共享，提高办事的协调能力。

（3）管理体系方面。完善的绿色发展机制需要高效的管理体系支撑。第一，政府要推动建立专门的组织机构来协调各主体的关系，消除各主体之间的障碍，使各主体的作用得到充分发挥；第二，对制度进行合理的安排，特别是有效的激励机制，以鼓励环保非政府组织及民众共同参与建设；第三，明确各主体之间的责任，同时加强主体之间的沟通联系，建立反馈机制，分享治理经验，实现合作共赢。

（4）文化环境方面。生态文明的构建也需要对文化环境加强维护。第一，要大力开展宣传推广和实践活动，让公众参与进来，在参与的过程中产生认同感，加强环境保护意识；第二，要将生态保护成果进行展示，树立起良好的形象，使绿色发展理念深入人心并成为组织和个人重要的原动力；第三，要将公众参与生态文明建设的理念宣传予以常态化，不断创新传播和教育的方式和途径。

参考文献

[1] 世界银行．中国少数民族地区自然资源开发社区受益机制研究［M］．北京：中央民族大学出版社，2009：210-212.

[2] 周金龙，杨志勋．新疆矿产资源开发与生态环境建设协调发展［J］．干旱区资源与环境，2004（4）：92-95.

[3] 程琳琳，胡振琪．我国矿产资源开发的生态补偿机制与政策［J］．中国矿业，2007（4）：11-13.

[4] 王信，尹杞月．建立西部地区生态补偿机制的对策探讨［J］．生态经济，2009（2）：161-164.

[5] 刘成玉，孙加秀，周晓庆．推动生态补偿机制从理念到实践转化的路径探讨［J］．生态经济，2007（3）：56-58.

[6] 刘月玲．新疆煤炭资源开发生态补偿机制浅析［J］．科技资讯，2008，30（10）：128-129.

[7] 葛维琦．中国煤炭采空区塌陷灾害治理对策［J］．中国能源，2004（10）：27-30.

[8]《环境科学大辞典》编委会．环境科学大辞典［M］．北京：中国环境科学出版社，1991.

[9] 保罗·萨缪尔森，威廉·诺德豪斯．经济学［M］．北京：华夏出版社，1998.

[10] 曹明德，黄锡生．环境资源法［M］．北京：中信出版

社，2004.

［11］万本太，邹建民．走向实践的生态补偿——案例分析与探索［M］．北京：中国环境科学出版社，2008.

［12］蔡守秋．环境政策法律问题研究［M］．武汉：武汉大学出版社，1999.

［13］WUJ. Bruce. A Babbock Relative Efficiency of Voluntary Versus Mandatory Environmental Regulations［J］．(The) Journal of Environmental Economics and Management. 1999. 38：158-175.

［14］Hard P，Measuring sustainable development；revive of current practice［R］．Occational paper. 1997（17）；1-2，48-51.

［15］刘宗超，刘粤生．全球生态文明观——地球表层信息增值范型［J］．自然杂志，1993（z3）：26-30.

［16］申曙光．生态文明及其理论与现实基础［J］．北京大学学报（哲学社会科学版），1994（3）：31-37.

［17］邱耕田．三个文明协调发展：中国可持续发展的基础［J］．福建论坛（社科教育版），1997（3）：45-48.

［18］廖才茂．论生态文明的基本特征［J］．当代财经，2004（9）：10-14.

［19］俞可平．科学发展观与生态文明［J］．马克思主义与现实，2005（4）：5.

［20］潘岳．以环境友好促进社会和谐［J］．求是，2006（15）：15-18.

［21］徐明娟．科学发展观与政府职能的生态转向［D］．泰安：山东农业大学，2010.

［22］赵兵．当前生态文明建设的新动向和路径选择［J］．西南民族大学学报（人文社科版），2010，31（2）：152-154.

[23] 郑键婕．发挥检察职能助推生态文明建设［J］，法制与社会，2013，11（19）：178-180.

[24] 肖文涛，谢淑珍．论推进生态文明建设的政府职责担当［J］．福建论坛：人文社会科学版，2012（10）：161-166.

[25] 缪磊．生态文明视域下我国政府生态职能的研究［J］．中国特色社会主义理论与实践，2013（8）：29-30.

[26] 陆畅．我国生态文明建设中的政府职能与责任研究[D]．长春：东北师范大学，2012.

[27] 谢园园，傅泽强，邬娜，等．解析我国生态文明建设面临的重大挑战［J］．中国工程科学，2015，17（8）：132-136.

[28] 顾金喜．生态文明发展与政府职能转变创新［J］．中共济南市委党校学报，2011（1）：63-67.

[29] 曹睿，张慧君．杭州生态文明建设对策初探［J］．环境科学导刊，2012. 31（1）：26-27.

[30] 许惠文．行政管理学［M］．北京：人民出版社，1997.

[31] 金太军．政府职能梳理与重构［M］．广州：广东人民出版社，2002.

[32] 李文良．中国政府职能转变问题报告［M］．北京：中国发展出版社，2003.

[33] 吴守蓉．试论生态文明建设中林业部门的政府职能[J]．林业经济，2010（5）：107-110.

[34] 张碧文，孙秀．对我国生态文明建设中政府职能转变的思考［J］．决策与信息，2011（10）：79.

[35] 和沁．生态文明建设中的政府责任［J］．科技视界，2013（26）：480.

[36] 陆畅，赵连章．论我国政府生态职能的重构［J］．科学

社会主义，2011（5）：84.

［37］颜添增．我国政府生态职能探析［D］．北京：北京林业大学，2010.

［38］缪磊．生态文明视域下我国政府生态职能研究［D］．南京：南京师范大学，2014.

［39］王阳．论转型时期地区政府职能的转变［J］．党政干部学刊，2005（12）：9-11.

［40］刘利．新时期政府生态服务职能的转变与实践［J］．中国环保产业，2008（8）．

［41］潘忠贤．生态文明视域下地方政府职能的重塑——基于温岭市生态建设［J］，广西社会主义学院学报，2010，21（4）：75-79.

［42］程李华．政府应如何履行生态文明建设的职能［J］．中国党政干部论坛，2013（10）：102-103.

［43］张康之．政府的责任在于培育成熟的社会［J］．浙江学刊，2000（2）：20-22.

［44］张蕾，程鹏．论政府在生态环境建设中的作用［J］．林业经济，2002（7）：40-42.

［45］高小平．落实科学发展观加强生态行政管理［J］．中国行政管理，2004（5）：47-51.

［46］高小平．行政管理体制改革的关键是转变政府职能［N］．人民日报，2008-02-27.

［47］沈荣华．关于转变政府职能的若干思考［J］．政治学研究，1999（4）：54-60.

［48］张康之．公共行政中的哲学与伦理［M］．北京：中国人民大学出版社，2004.

[49] 赵宇峰．试析环境管理与政府行政 [J]．社会科学家，1999 (2)：20-23.

[50] 肖巍，钱箭星．环境治理中的政府行为 [J]．复旦学报(社会科学版)，2003 (3)：73-79.

[51] 江国华．中国行政法（总论）[M]．武汉：武汉大学出版社，2012：61.

[52] 习近平．切实把思想统一到党的十八届三中全会精神上来 [N]．人民日报，2014-01-01.

[53] 刘祖云．当代中国公共行政的伦理审视 [M]．北京：人民出版社，2006：28-29.

[54] 张康之．寻找公共行政的伦理视角 [M]．北京：中国人民大学出版社，2002：186.

[55] 张康之．限制政府规模的理念 [J]．行政论坛，2000 (4)：7-13.

[56] 黄爱宝．服务型政府构建与政府生态服务 [J]．行政学研究，2008 (3)：57-62.

[57] 黄爱宝．"生态型政府"初探 [J]．南京社会科学，2006 (1)：55-60.

[58] 赵宇峰．试析环境管理与政府行政 [J]．社会科学家．1999 (2)：20-23.

[59] 秦杰，樊泓池．从公共组织的职能到建设服务型政府 [J]．辽宁教育行政学院学报，2006 (3)．

[60] 巩固．政府环境责任理论基础探析 [J]．中国地质大学学报（社会科学版），2008，8 (2)：31-36.

[61] 王行宇．我国实现责任政府的理念转变与制度保证[J]．云南社会科学，2004 (1)：26-29.

[62] 张成福．责任政府论 [J]．中国人民大学学报，2000 (2):75-82.

[63] 陈国权，李院林．论责任政府的基本属性 [J]．社会科学战线，2008 (2)：199-204.

[64] 马克思，恩格斯．马克思恩格斯文集(第一卷) [M]．北京：人民出版社，2009：158.

[65] 黄爱宝．责任政府构建与政府生态责任 [J]．理论探讨，2007 (6)：10-14.

[66] 周艳辉，等．增长的迷思：海外学者论中国经济发展 [M]．北京：中央编译出版社，2011：179.

[67] 张磊．中国式分权下的地方政府环保职能研究——以官员政绩考评为视角 [D]．长春：吉林大学，2014：1-3.

[68] 马海涛，等．环境保护的分权理论及其实践 [J]．地方财政研究，2009 (9)：27-31.

[69] 樊根耀．我国环境治理制度创新的基本取向 [J]．求索，2004 (12)：115-117.

[70] 张康之．公共行政中的哲学与伦理 [M]．北京：中国人民大学出版社，2004：236.

[71] 段昌群，等．生态环境问题对新中国政治生活之影响——从政治生态学的角度分析 [J]．思想战线，2000 (4)：44-47.

[72] Brown, P. and Ball R. Some preliminary findings on the association between the earnings of a firm, its industry, and the economy [J]. Journal of Accounting Research, Empirical Research in Accounting: Selected Studies, 1967 (5): 55-77.

[73] Magee R. P. Industry-wide commonalities in Earnings [J].

Journal of Accounting Research, 1974 (2): 270-287.

[74] King B. F. Market and industry factors in stock behavior [J]. Journal of Business, 1996 (1): 139-160.

[75] 邹彩芬，许家林，王雅鹏. 政府财税补贴政策对农业上市公司绩效影响实证研究分析 [J]. 产业经济研究，2006 (3): 53-59.

[76] 唐清泉，罗党论. 政府补贴动机及其效果的实证研究——来自中国上市公司的经验证据 [J]. 金融研究，2007 (6): 149-163.

[77] 余明桂，回雅甫，潘红波. 政治联系、寻租与地方政府财政补贴有效性 [J]. 经济研究，2010 (3): 65-77.

[78] 刘助仁. 国外发展可再生能源的经验及其启示 [J]. 求索，2007 (8): 21-23.

[79] 瞿国华. 发达国家新能源政策的调整及其启示 [J]. 中外能源，2010 (1): 29-33.

[80] 周清. 促进新能源产业发展的财税制度安排 [J]. 税务研究，2011 (5): 25-29.

[81] 李靖. 推动我国新能源发展的财税政策研究 [J]. 财政研究，2011 (6): 17-20.

[82] 朱敏. 扩大新能源国内市场已成为当务之急 [N]. 中国经济时报，2012-9-5.

[83] Modigliani, Franco and Merton H. Miller. The cost of capital, corporation finance, and the theory of investment [J]. American Economic Review, 1958, 48 (3): 266-268.

[84] Modigliani, Franco and Merton H. Miller. Corporate income taxes and the cost of capital: a correction [J]. American Economic Re-

view, 1963, 53 (3): 433-443.

[85] Bradley M., Jarrell G. A., et al. On the existence of an optimal capital structure: theory and evidence [J]. The Journal of Finance, 1984, 39 (3): 857-878.

[86] Jensen M. C., Meckling W. H. Theory of the firm: Managerial behavior, agency costs and ownership structure [J]. Journal of Financial Economics, 1976, 3 (4): 305-360.

[87] Townsend R. M. Optimal contracts and competitive markets with costly state verification [J]. Journal of Economic Theory, 1979, 21 (2): 265-293.

[88] Harris M. J., Raviv A. The design of securities [J]. Journal of Financial Economics, 1989, 24 (2): 255-287.

[89] Majundar S. K., Chhibber P. Capital structure and performance: Evidence from a transition economy on an aspect of corporate governance [J]. Public Choice, 1999, 98 (3-4): 287-305.

[90] Frank Z., Goya V. Testing the pecking order theory of capital structure [J]. Journal of Financial Economics, 2006 (2): 217-224.

[91] Turan Erol. Capital structure and output pricing in a developing country [J]. Economics Letters, 78 (1), 2003: 109-115.

[92] Chingfu Chang, Alice C. Lee, Cheng F. Lee. Determinants of capital structure choice: A structural equation modeling approach [J]. The Quarterly Review of Economics and Finance, 49 (2), 2009: 197-213.

[93] Kwangmin Park, Soo Cheong Jang. Capital structure, free cash flow, diversification and firm performance: A holistic analysis

[J] . International Journal of Hospitality management 2013, 33, 51-63.

[94] Wessels R. , Titman S. The determinants of capital structure choice [J] . The Journal of Finance, 1988, 43 (1): 1-9.

[95] Burcart M. , Gromb D. et al. Large shareholders, monitoring and the value of firm [J] . The Quarterly Journal of Economics, 1997 (8): 127-156.

[96] Furfine C. Evidence on the response of US banks to changes in capital requirement [R] . BIS Working Paper. 2000. No. 88.

[97] Andras Danis. Daniel A. Rettl, Toni M. Whited Refinancing, profitability, and capital structure [J] . Journal of Financial Economics, 2014, 114 (3): 424-443.

[98] 肖作平，吴世农．我国上市公司资本结构影响因素实证研究 [J] ．证券市场导报，2002 (8)：39-44.

[99] 皮毅．公司治理、资本结构与公司价值的实证研究[J] ．当代经济科学，2004 (5)：65-70.

[100] 陈标，孙小光．融资结构与融资效率实证分析——以江苏为例 [J] ．金融纵横，2007 (13)：24-28.

[101] 张兴军，罗晓磊，王妍婷，李钟帅．我国各地区社会融资结构及融资效率差异化问题研究 [J] ．区域金融研究，2015 (12)：77-84.

[102] 史丹，夏晓华．新能源产业融资问题研究 [J] ．经济研究参考，2013 (7)：23-43.

[103] 薛楠，刘舜．新能源战略性新兴产业投融资问题探讨 [J] ．中国流通经济，2013 (6)：116-120.

[104] 徐丹丹，刘超，张舒婷．基于结构方程的北京市新能源产业融资支持研究 [J] ．北京社会科学，2014 (11)：87-95.

[105] JunJie Wu and Bruce Alan Babcock. Relative Efficiency of Voluntary Versus Mandatory Environmental Regulations [J]. Journal of Environmental Economics and Management. 1999 (38): 158-175.

[106] 李克国. 生态环境补偿政策的理论与实践 [J]. 环境科学动态, 2000 (2): 8-11.

[107] 刘桂环, 文一惠, 孟蕊, 等. 官厅水库流域生态补偿机制研究: 生态系统服务视角 [J]. 中国人口资源与环境, 2011, 21 (12): 61-64.

[108] 曹明德. 对建立我国生态补偿制度的思考 [J]. 法学, 2004 (3): 40-43.

[109] 陈源泉, 高旺盛. 基于生态经济学理论与方法的生态补偿量化研究 [J]. 系统工程理论与实践, 2007 (4): 165-170.

[110] Behn R. D., Why Measure Performance? Different Purposes Require Different Measures [J]. Public Administration Review, 2003, 63 (5): 586-606.

[111] 王玉明. 美国构建政府绩效评估指标体系的探索与启示 [J]. 兰州学刊, 2007 (6): 101-104.

[112] 孙庆国. 英国地方政府绩效评估体系改革及对中国的启示 [J]. 辽宁大学学报 (哲学社会科学版), 2008, 36 (4): 16-20.

[113] Brown J. B., Mcdonnell B. The balanced score-card: short-term guest or long-term resident? [J]. International Journal of Contemporary Hospitality Management, 1995, 7 (2/3): 7-11.

[114] 吴建南, 马亮, 杨宇谦, 等. 比较视角下的效能建设: 绩效改进、创新与服务型政府 [J]. 中国行政管理, 2011 (3): 37-42.

[115] 韩兆洲. 政府政绩综合评价指标体系及实证分析 [J].

暨南学报（哲学社会科学版），2004，26（6）：37-42.

［116］彭国甫，盛明科，刘期达．基于平衡计分卡的地方政府绩效评估［J］．湖南社会科学，2004（5）：23-26.

［117］Giannias D.，Charalambakis E，Sfakianaki E. Net Economic Welfare［M］. Springer Netherlands，2014.

［118］Bartelmus P.，Greening the National Accounts-Approach and Policy Use［J］. Internationalization of the Economy & Environmental Policy Options，2001：25-28.

［119］Markandya A，Pavan M. Green Accounting in Europe—Four case studies［J］. Kluwer Academic Publishers，1999（11）：283.

［120］杨缅昆．绿色 GDP 核算理论问题初探［J］．统计研究，2001，18（2）：40-43.

［121］杨多贵，周志田．"绿色 GDP"核算的国际背景及中国实践进展［J］．软科学，2005，19（5）：23-26.

［122］李健，陈力洁．论"绿色 GDP"核算体系及其面临的问题［J］．环境科学与管理，2005，30（1）：1-4.

［123］王金南，於方，蒋洪强，等．建立中国绿色 GDP 核算体系：机遇、挑战与对策［J］．环境保护，2005（5）：56-60.

［124］陈梦根．绿色 GDP 理论基础与核算思路探讨［J］．中国人口·资源与环境，2005，15（1）：3-7.

［125］Garvey G. P.，Drawing a line in the sand：border/boundary theories and games［C］，2007：47-54.

［126］Matthews R. A.，Kath L. M.，Barnes-Farrell J. L.，A short，valid，predictive measure of work-family conflict：item selection and scale validation［J］. Occupational Health Psychol，2010，15（15）：75-90.

［127］苏明，刘军民．科学合理划分政府间环境事权与财权［J］．环境经济，2010（7）：16-25.

［128］向俊杰．协同治理：生态文明建设中政府与市场关系的历史趋势［J］．黑龙江社会科学，2014（6）：19-22.

［129］杨玉文，李慧明．我国主体功能区规划及发展机理研究［J］．经济与管理研究，2009（6）：67-71.

［130］杨玉文，李慧明．民族地区生态经济实现模式研究［J］．内蒙古社会科学，2010（2）：56-59.

［131］杨玉文．内蒙古经济与环境协调发展评价研究［J］．统计与决策，2014（12）：118-119.

［132］杨玉文．区域经济发展的环境协同效应研究［J］．经济问题探索，2014（12）：105-109.

［133］杨玉文．少数民族自治州经济发展路径探讨［J］．云南民族大学学报，2015（2）：122-126.

［134］杨玉文．民族地区城镇化的生态效应研究［J］．生态经济，2015（6）：88-91.

［135］杨玉文．民族地区改善生态环境加快经济发展的路径选择［J］．经济纵横，2013（12）：72-75.

后 记

书稿付梓之际，内心充满了对在研究和写作过程中给予我指导、支持和帮助的专家、朋友、同事和亲人的感恩和感激！

感谢我的博士生导师、南开大学李慧明教授，感谢我的硕士生导师、澳大利亚莫纳什大学翟庆国教授，恩师教诲影响至深，让我受益终身。

感谢我的同学、南开大学包群教授，多次就实证研究方法给我指导和建议。

感谢我的同事滕飞博士、李严博士、韩文海博士、梁强博士和张扬博士，他们对书稿的形成给予了热忱帮助并完成部分章节。

感谢民族出版社向阳老师及其同事，他们的工作严谨、细致而高效。没有他们的积极帮助，本书难以面世。

书山有路，学海无涯。偏失之处，在所难免，恳求教于方家。

杨玉文

2018 年 8 月于大连

图书在版编目(CIP)数据

地方政府绿色发展驱动机制研究/杨玉文著.—北京:民族出版社,2018.10

ISBN 978-7-105-15572-9

Ⅰ.①地… Ⅱ.①杨… Ⅲ.①地方政府—生态文明建设—行政管理—研究—中国 Ⅳ.①D625 ②X321.2

中国版本图书馆 CIP 数据核字(2018)第 262193 号

策划编辑:虞 农
责任编辑:向 阳
封面设计:刘海伦
出版发行:民族出版社
地 址:北京市和平里北街 14 号
邮 编:100013
网 址:http://www.mzpub.com
印 刷:北京中石油彩色印刷有限责任公司
经 销:各地新华书店
版 次:2018 年 12 月第 1 版 2018 年 12 月北京第 1 次印刷
开 本:880 毫米×1230 毫米 1/32
字 数:270 千字
印 张:7.5
定 价:30.00 元
ISBN 978-7-105-15572-9/D·3064(汉 479)

汉文编辑一室电话:010-64271909 发行部电话:010-64224782